Marie-Anne Valente

Le Naturalisme, le Déterminisme et l'Étude du Milieu

AF155403

Marie-Anne Valente

Le Naturalisme, le Déterminisme et l'Étude du Milieu

Dans Germinal d'Emile Zola et Sub Terra de Baldomero Lillo

Presses Académiques Francophones

Mentions légales / Imprint (applicable pour l'Allemagne seulement / only for Germany)
Information bibliographique publiée par la Deutsche Nationalbibliothek: La Deutsche Nationalbibliothek inscrit cette publication à la Deutsche Nationalbibliografie; des données bibliographiques détaillées sont disponibles sur internet à l'adresse http://dnb.d-nb.de.
Toutes marques et noms de produits mentionnés dans ce livre demeurent sous la protection des marques, des marques déposées et des brevets, et sont des marques ou des marques déposées de leurs détenteurs respectifs. L'utilisation des marques, noms de produits, noms communs, noms commerciaux, descriptions de produits, etc, même sans qu'ils soient mentionnés de façon particulière dans ce livre ne signifie en aucune façon que ces noms peuvent être utilisés sans restriction à l'égard de la législation pour la protection des marques et des marques déposées et pourraient donc être utilisés par quiconque.

Photo de la couverture: www.ingimage.com

Editeur: Presses Académiques Francophones est une marque déposée de
Südwestdeutscher Verlag für Hochschulschriften GmbH & Co. KG
Heinrich-Böcking-Str. 6-8, 66121 Sarrebruck, Allemagne
Téléphone +49 681 37 20 271-1, Fax +49 681 37 20 271-0
Email: info@presses-academiques.com

Produit en Allemagne:
Schaltungsdienst Lange o.H.G., Berlin
Books on Demand GmbH, Norderstedt
Reha GmbH, Saarbrücken
Amazon Distribution GmbH, Leipzig
ISBN: 978-3-8381-8951-2

Imprint (only for USA, GB)
Bibliographic information published by the Deutsche Nationalbibliothek: The Deutsche Nationalbibliothek lists this publication in the Deutsche Nationalbibliografie; detailed bibliographic data are available in the Internet at http://dnb.d-nb.de.
Any brand names and product names mentioned in this book are subject to trademark, brand or patent protection and are trademarks or registered trademarks of their respective holders. The use of brand names, product names, common names, trade names, product descriptions etc. even without a particular marking in this works is in no way to be construed to mean that such names may be regarded as unrestricted in respect of trademark and brand protection legislation and could thus be used by anyone.

Cover image: www.ingimage.com

Publisher: Presses Académiques Francophones is an imprint of the publishing house
Südwestdeutscher Verlag für Hochschulschriften GmbH & Co. KG
Heinrich-Böcking-Str. 6-8, 66121 Saarbrücken, Germany
Phone +49 681 37 20 271-1, Fax +49 681 37 20 271-0
Email: info@presses-academiques.com

Printed in the U.S.A.
Printed in the U.K. by (see last page)
ISBN: 978-3-8381-8951-2

Le Naturalisme, le Déterminisme et l'Étude du Milieu

dans *Germinal* d'Émile Zola et *Sub Terra* de Baldomero Lillo

by

Marie-Anne Valente

A Thesis Presented in Partial Fulfillment
of the Requirements for the Degree
Master of Arts

Approved April 2012 by the
Graduate Supervisory Committee:

Frédéric Canovas, Chair
Markus Cruse
David Foster

ARIZONA STATE UNIVERSITY

May 2012

ABSTRACT

Émile Zola is considered one of the fathers of 19th century French
Naturalist literature. He is famous for his eloquence, sarcasm and is well
known for being a provocateur. He wants to follow the principles of
science: observation of his characters in their living environment (or
milieu). He holds that individuals inherit physical and personality traits
from their ancestors, such as atavism, which can be passed from
grandfather to father and father to son. This assumption leads to Social
Darwinism and impacted Zola like many other European intellectuals who
believed in the new social sciences. Religion was going extinct on the old
continent and the trend was to apply these theories to literature and
humanities. The author also captures the political and social unrest of a
struggling working class in his novel *Germinal*, where starving miners
rebel against the bourgeois class that exploits them.

    Baldomero Lillo is a Chilean naturalist follower of Émile Zola who
found inspiration in *Germinal* to write *Sub Terra*–short stories depicting the
grim life of the coal miners. The author knows them well since he shared
his existence with the miners in Lota, in the southern region of Santiago.
Unlike Zola, Lillo, who was less educated and less inclined to trust
science, opts for a compassionate Naturalism which relates more to his
culture and personal inclinations. Le *milieu* or el *medio ambiente* in the
Sub Terra stories is dreadful and the author seeks to expose the

master/slave relationship in a society that still resembles the European Middle Ages.

Le *milieu,* that is to say the external forces that surround the miners (their geographical, social and political environment), eventually engulfs and condemns them to a life of servitude and misery. Determinism on both continents decides the fate of each member of the society.

RÉSUMÉ

Émile Zola est considéré comme l'un des grands maîtres de la littérature naturaliste française du XIXe. Il est connu sur tous les continents pour son éloquence, son sarcasme et son goût pour la provocation. Son objectif consiste à suivre les principes de la science : observation de ses personnages dans leur environnement (ou dans leur milieu). Il est également convaincu que les individus héritent des traits physiques et de la personnalité de leurs ancêtres et que l'atavisme, par exemple, peut être passé du grand-père au père et de père en fils. Cette hypothèse nous conduit au Darwinisme social, qui, d'une certaine manière, a marqué Zola comme beaucoup d'autres intellectuels qui croyaient dans les nouvelles sciences sociales. La Religion était en déclin sur le vieux continent et la mode consistait à appliquer ces théories au monde de la littérature et des humanités. L'auteur capture aussi l'agitation politique et sociale de la classe laborieuse de son temps dans son roman *Germinal* où les ouvriers mourant de faim se rebellent contre la classe bourgeoise qui les exploite.

Baldomero Lillo, naturaliste chilien, adepte d'Émile Zola, trouve son inspiration dans *Germinal* pour écrire ses contes dans *Sub Terra* où la vie accablante des ouvriers dans les mines de charbon y est dépeinte. L'auteur les connait bien puisqu'il a partagé leur existence à Lota, la région sud de Santiago. À la différence de Zola, Lillo qui est moins éduqué et moins enclin à croire en les sciences, opte pour un naturalisme de

compassion qui se rattache plus à sa culture et ses affinités personnelles.
Le milieu ou *el medio ambiente* dans les histoires de *Sub Terra* est atroce
et l'auteur veut présenter la relation maître/esclave dans une société qui
ressemble à celle de l´Europe du Moyen Âge.

Le milieu, c'est-à-dire les forces extérieures qui entourent les
mineurs (leur environnement géographique, social et politique) les dévore
et les condamnent finalement à une vie de servitude et de misère. Le
Déterminisme sur les deux continents décide enfin du destin de chaque
membre de la société.

ACKNOWLEDGMENTS

I want to thank all the Professors on my Committee for their support and encouragement: Doctors Frederic Canovas, Mark Cruse, and especially Doctor David Foster who suggested Baldomero Lillo as a naturalist author. Lillo was indeed the perfect match for my comparative thesis with Émile Zola.

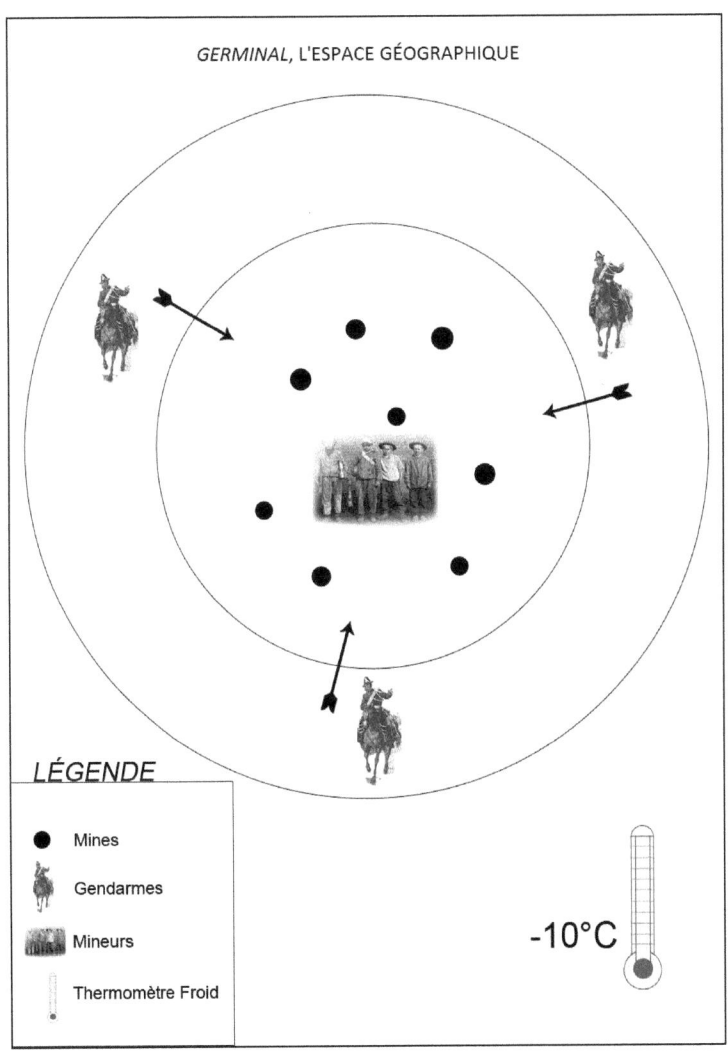

Fig.1 Les Grévistes Mineurs Prisonniers de leur Zone Géographique

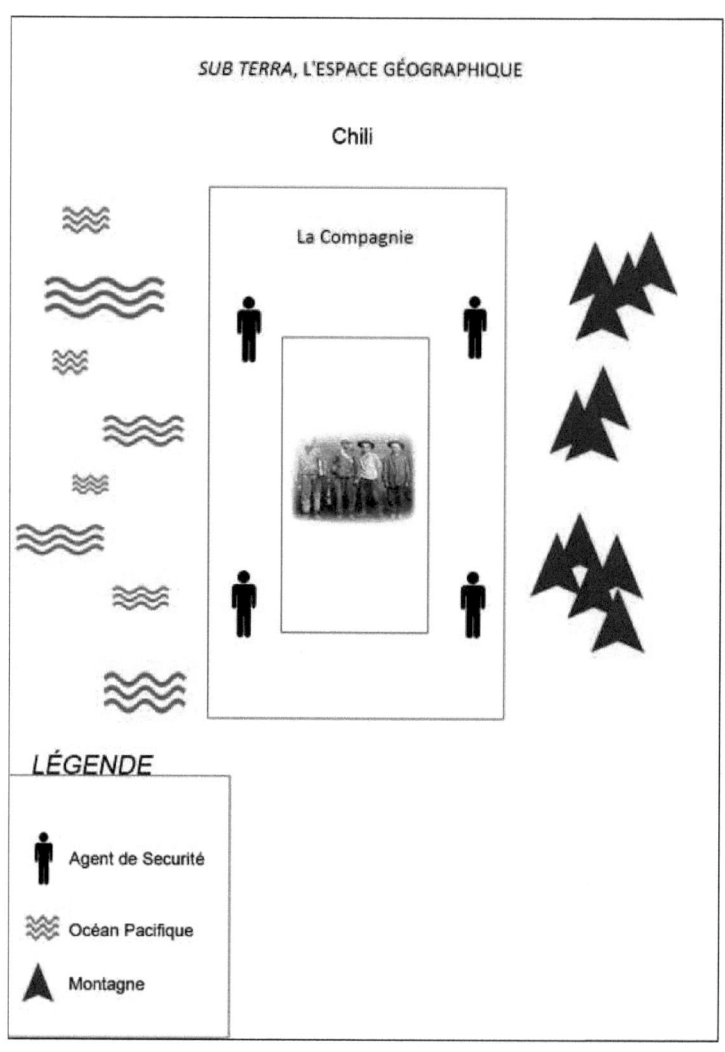

Fig.2 *Sub Terra* : La Compagnie Emprisonne les Ouvriers

TABLE DES MATIÈRES

x

CHAPITRE 1

INTRODUCTION

Les Motifs de ma Thèse

Émile Zola (1840-1902) est un des écrivains français qui m'a
toujours passionnée. L'intérêt que je lui porte encore aujourd'hui
s'explique par le fait que les thèmes qu'il choisit sont d'actualité. Il raconte
la vie quotidienne des gens qui l'entourent d'une façon réaliste où plutôt
d'une façon naturaliste (concept développé plus loin). Son approche
intellectuelle, dans son écriture, a suscité un grand nombre de critiques
négatives féroces de la part de la gente conservatrice du pays mais elle a,
en revanche, provoqué un enthousiasme exalté en Europe et jusqu'en
Amérique latine. Zola est en effet impitoyable, cru, railleur, parfois
obscène et provocateur. C'est cet aspect rebelle *qui dérange*, qui me
fascine chez l'auteur.

Par la suite, comme je me suis intéressée à la culture hispano-
américaine et à l'espagnol, j'ai voulu rapprocher les deux continents pour
ma thèse. Baldomero Lillo (1867-1923) est un écrivain naturaliste chilien
qui s'est épris de Zola, en particulier de son œuvre *Germinal* dont le milieu
minier lui est familier puisqu'il a vécu et travaillé dans la ville minière de
Lota. Lillo a partagé sa passion pour Zola lorsqu'il appartenait, avec son
frère le poète Samuel Lillo, au club de « La generación de 1890 », un
groupe d'intellectuels qui se réunissait à Santiago pour discuter des

grands auteurs en vogue à travers le monde. Le critique Jorge Chavarri évoque la ferveur intellectuelle à l'époque au Chili pour Zola: « Todos estos eran grandes admiradores de Zola y de Tolstoy » (8) [Ils étaient tous des grands admirateurs de Zola et de Tolstoy] ; (les traductions sont miennes). Lillo décide donc d'écrire à son tour des contes sur la vie des mineurs de son village. Cet ouvrage est rassemblé dans son recueil de contes appelé *Sub Terra* publié en 1903. L'opportunité d'associer les deux auteurs s'est donc présentée à moi et j'ai ainsi décidé d'écrire une thèse comparative sur le milieu des mines au Chili et en France.

Cette thèse explore les hommes du vieux et du nouveau continent dans leur espace (milieu) géo-social et politique du XIXe siècle à travers l'écriture des écrivains naturalistes : Émile Zola dans *Germinal* et Baldomero Lillo dans *Sub Terra*. Ce rapprochement culturel implique que nous allons analyser l'impact ces espaces (ces milieux) sur l'individu dans le but d'exposer la souffrance humaine comme le fait le naturaliste mais aussi en nous focalisant sur le principe fondamental que les individus sont déterminés (concept abordé un peu plus loin). Pour Lillo, le naturalisme se base sur les rapports de forces entre maîtres et esclaves au sein d'une société figée dans les temps de la féodalité. Le maître, pour garder le contrôle sur ses ouvriers, les humilie et les châtie. Ceux-ci finissent par mettre parfois fin à leur vie.

Pour comprendre ma thèse, l'introduction va en premier lieu traiter

de définir le Naturalisme ainsi que situer Zola et Lillo dans leur

environnement respectif (historique, social et scientifique).

Le Naturalisme

Le Naturalisme est un mouvement littéraire qui apparaît vers la fin

du XIXe siècle comme une extension du Réalisme. *Le Roman*

expérimental publié en 1880 est reconnu selon les critiques Toursel et

Vassevière : « comme le manifeste du naturalisme, Zola définit les visées

et les procédés qui constituent la spécificité de cette nouvelle façon

d'envisager le roman et son rapport au monde » (136). C'est une théorie

qui se veut objective, sans artifice ni glorification et qui s'appuie sur

l'analyse de l'homme dans toute sa décadence biologique. Comme la

condition humaine se voit souvent affligée du drame et de la maladie,

c'est une littérature qui est par conséquent pessimiste et qui rompt avec la

figure du héros romantique du XVIIIe siècle. Comme toute forme d'écriture

qui s'attache à relater les événements en cours, le naturalisme émane des

valeurs et des circonstances culturelles de son temps. C'est un

mouvement littéraire qui s'appuie sur l'observation scientifique de

l'individu dans son environnement social. Il suit, par conséquent, les

tendances idéologiques de la société telles qu'elles se vivaient dans leur

milieu politique, économique et scientifique en France à l'époque de nos

écrivains Émile Zola et Baldomero Lillo au Chili.

Le Contexte Historique en France au XIXe Siècle

Le XIXe siècle français est une ère de grand tumulte politique, social et scientifique. Après la Révolution de 1789, le chaos règne et le peuple doit se soumettre à une multitude de gouvernements qui se succèdent : le Consulat de Napoléon Bonaparte, l'Empire, la Restauration qui ré-institue la souveraineté du roi, la monarchie de Juillet, la Seconde République, le Second Empire et la Troisième République. Cette instabilité politique provoque aussi deux révolutions (Révolutions de 1830 et de 1848) où le soulèvement du peuple qui dresse des barricades et réclame ses droits, inspire les activistes français comme le grand écrivain Victor Hugo (1802-1885) où, un peu plus tard, du côté féminin, la fameuse Louise Michel (1830-1905) qui se battra pour la Commune. Les intellectuels européens, notamment Karl Marx (1818-1883) qui se trouve alors à Paris lors de la Révolution de 1848 et Friedrich Engels (1820-1895) son compagnon allemand participent à l'émancipation intellectuelle du mouvement prolétaire européen. Marx publie *Le Manifeste du Communisme* en 1848 au moment où de nouveaux modes de pensées socialistes, anarchistes et nihilistes s'étendent à travers toute l'Europe. Émile Zola, journaliste et écrivain, est influencé par ces concepts politiques émergeants qui appuient les mouvements grévistes des ouvriers français. Henri Mitterand, dans son *Discours du roman*, explique les objectifs de Zola dans ses ouvrages engagés :

> Après 1871, Zola a ajouté à la liste des sujets de romans qu'il avait proposés à son éditeur, et parmi lesquels figurait un roman sur le

monde ouvrier qui deviendra L'Assommoir, un deuxième roman
ouvrier, plus particulièrement politique. Celui-ci devait mettre en
scène l'ouvrier de l'insurrection de la Commune. L'ébauche de
Germinal déviera, en réalité, vers un autre sujet. Étienne Lantier
deviendra, non pas l'ouvrier parisien des barricades de mai 1871,
mais le militant des luttes syndicales et politiques sur le lieu de
travail. (151)

Le Contexte Social en France au XIXe Siècle

Sans vraiment être formellement initié aux nouveaux mouvements

socialistes internationaux et français qui circulent à cette époque, Zola

s'engage ainsi dans la cause ouvrière. C'est du reste justifié car la France

se métamorphose et s'urbanise à une vitesse accélérée. Les nouvelles

industries de la première révolution industrielle provoquent l'exode rural

vers les grandes villes. La France perd ses paysans et artisans qui vont

travailler dans les usines et les mines de charbon. Zola va bâtir sur ces

grands pôles industriels dans certains de ses romans. Les fabriques de

textile et les chemins de fer (Zola, La Bête humaine) se développent ainsi

que les grands magasins (Au Bonheur des Dames). L'avancée de

l'industrie lourde bat son plein tandis que les lois sociales sont encore

inexistantes (Germinal). En effet, il n'y a aucune protection sociale légale

de l'ouvrier. Tandis qu'on assiste à l'essor et à l'enrichissement de la

bourgeoisie, les conditions de vie de la classe prolétaire se détériorent. La

journée moyenne de travail d'un mineur est de douze à quatorze heures

par jour. On sait par exemple que Bonnemort dans Germinal commence à

travailler dans la mine avant l'âge de huit ans. Il en est de même au Chili

sur le continent d'Amérique latine. Dans le conte de Baldomero Lillo

(1867-1923) *La compuerta número 12*, le père de famille amène son jeune fils de huit ans au fond de la mine pour le présenter à l'ingénieur en chef chargé du recrutement. On apprend par la suite que l'enfant est embauché pour ouvrir la porte des wagonnets.

Pour poursuivre sur les libertés du peuple, le droit d'association et de réunion en France devient légal en 1884 ainsi que la formation des syndicats (Saint Onge, Steele 151). La liberté de la presse quant à elle, apparaît seulement en 1881. Les droits du peuple (en particulier de la condition ouvrière) n'en sont encore qu'à leurs balbutiements. Victor Hugo défend le pauvre, George Sand (1804-1876) réhabilite le paysan, Émile Zola fait prendre conscience de la misère des mineurs et bien d'autres encore s'affairent à exposer l'injustice du système social.

Puis s'ajoute au désordre politique et social de la France qui a déjà perdu son souffle dans ses conflits internes, la défaite et l'humiliation du pays dans la guerre franco-prussienne de 1870. Le naturaliste Joris Karl Huysmans (1848-1907), par exemple, illustre l'absurdité de la guerre dans son roman naturaliste *Sac au dos*. On remet en cause les valeurs traditionnelles de la bonne conduite où la moralité bourgeoise reste figée dans son confort matériel. L'ouvrier tombe sous l'emprise de l'instabilité et de l'insécurité du moment. On survit plutôt qu'on ne vit, tiraillé par la faim et l'épuisement physique.

Le Contexte Scientifique en France au XIXe Siècle

Sur le plan scientifique, les nouvelles théories de l'évolution de Charles Darwin (1809-1882) *L'Origine des espèces* (1859) vont littéralement bouleverser le statu quo des idéologies existantes. L'église perd ainsi son pouvoir populaire spirituel et institutionnel avec la loi sur la séparation de l'Église et de l'État qui apparaît en 1905 (Saint Onge 149). L'homme n'est plus sous la tutelle de Dieu mais représente un individu à part entière qui fait partie d'un ensemble humain et qui est responsable de ses propres actions. Auguste Comte (1798-1857) qui est à l'origine de la sociologie, s'intéresse à l'homme dans ses théories du Positivisme. Il déclare: «Why ought we to live for Humanity? Because we must. We are so constituted by Nature. Because we live only by Humanity, in Humanity and through Humanity» (Wilson 100). L'homme, en charge de sa propre destinée, devient le centre d'intérêt de la science.

Le Naturalisme ne s'intéresse pas non plus au monde spirituel mais analyse la condition humaine au sein de sa communauté, autrement dit dans son *milieu.* Zola rappelle à ses lecteurs le but de son expérience naturaliste : «Il est indéniable que le roman naturaliste, tel que nous le comprenons à cette heure, est une expérience véritable que le romancier fait sur l'homme, en s'aidant de l'observation» (Toursel 161).

Il faut néanmoins revenir à Charles Darwin pour comprendre un autre aspect du naturalisme zolien. Il s'agit en particulier du darwinisme social qui va se développer dans les milieux académiques et qui vont avoir une multitude de répercussions sur les générations à venir. En effet, Darwin, homme de science, ne s'implique guère dans les débats sur les effets de ses théories au sein de la société humaine. En revanche, plusieurs de ses confrères britanniques vont être à la base du darwinisme social qui va d'une certaine manière influencer le naturalisme zolien.

Thomas Robert Malthus (1766-1834) avec ses théories mathématiques sur l'explosion de la population humaine va introduire l'idée que les hommes doivent constamment se battre pour survivre : il s'agit d'une lutte permanente, c'est la loi du plus fort. Francis Galton (1822-1911), de son côté présente sa théorie *eugénique* appuyée par le principe *Nature versus Nurture* qu'il résume ainsi : «The science of improving inherited stocks, not only by judicious matings but by all the influences which give more suitable strains a better chance» (Rogers 99). Celui-ci croit en la hiérarchie de la race humaine où les caractéristiques physiques et mentales de l'homme sont héritées. Par exemple, un individu va passer à ses enfants ses traits physiques et psychologiques. Si celui-ci est paresseux et alcoolique, les enfants vont hériter de *ses tares*. Herbert Spencer (1820-1903) lui aussi partage l'hypothèse de l'héritage des traits et des tares humains. Il est en fait l'auteur du concept « survival of the fittest » (repris plus tard par Charles Darwin) comme le souligne Rogers dans son article sur *Darwin and Social Darwinism* : «Herbert Spencer used the phrase *survival of the fittest* as early as 1852 in writing on biological evolution» (266).

Ces théories vont être adoptées du côté français par les scientifiques et les écrivains. Par exemple Zola est convaincu que la mission de l'écrivain naturaliste est de décrire le comportement humain comme le fait un chercheur :

> Zola argued that, in the same way as scientists aim to explain the laws of the physical world, the naturalist novelist should work on the laws governing human behavior [...] in most cases, I shall simply replace the term 'physician' with 'novelist' to expound my thought and confer to it the rigor of scientific truth. (Conti 1)

Il y a ainsi plusieurs idées principales dans l'écriture naturaliste de Zola qui émanent de la science : la première hypothèse est que l'homme n'est autre qu'un animal de laboratoire sous observation qui doit lutter pour survivre dans un milieu hostile. On pense aussi au côté animalité, bestial de l'être humain. Par exemple, les personnages de Zola sont souvent comparés à des animaux : les Grégoire ressemblent à des cochons, les femmes de mineurs à des vaches à lait avec leurs *mamelles* (Zola 156). La deuxième hypothèse est liée au darwinisme social. L'homme hérite des traits physiques et psychologiques de ses ancêtres. La tare de l'alcoolisme est visible chez Gervaise, dans *l'Assommoir*, les vices du jeu, de la paresse et aussi de l'alcool surgissent chez son compagnon Coupeau, où l'instinct du meurtre chez Jacques Lantier dans *La Bête humaine*, où la luxure chez *Nana* et la Mouquette dans *Germinal*, ou bien encore la violence domestique de Chaval qui révèle le côté sauvage, féroce, indomptable de l'homme et la passivité de Catherine à

9

recevoir les coups, comme si cela faisait partie de sa condition humaine et sociale.

Le Déterminisme et le Milieu

Le Naturalisme s'appuie encore sur ces concepts scientifiques de l'art de la description (l'observation du sujet) et sur le Déterminisme. Zola veut *décrire* ses personnages objectivement comme le fait la science mais avoue, dans sa lettre du 22 mars 1885 à Henri Céart, que : «nous mentons tous plus ou moins» (Toursel 163). Quant au Déterminisme, il part du principe que l'homme est régi par des forces invisibles qui le contrôlent (hérédité, influences de l'environnement géographique, historique et social sur l'individu qui ne peut s'en délivrer). Il s'agit d'étudier l'homme dans son milieu (son environnement) car il en est le produit. Toursel et Vassevière relèvent les points essentiels de Zola qui décrit sa philosophie dans *Le Roman expérimental* de la façon suivante :

> L'homme ne peut être séparé de son *milieu* [...] Le personnage est devenu un produit de l'air et du sol, comme la plante ; c'est la conception scientifique [...] Nous cessons d'être dans les grâces littéraires d'une description en beau style ; nous sommes dans l'étude exacte du *milieu*. (136-137)

Pour mieux comprendre le sens du Déterminisme et de ses implications concrètes dans la vie de l'homme d'aujourd'hui, il faut se référer au philosophe américain Thomas W. Clark qui explique d'une façon simple et pratique le concept dans son livre *Encountering Naturalism* de la façon suivante:

Scientific findings increasingly suggest that we are fully determined by our environment and genetic endowment to become who we are, and act as we do. Although we are rational agents that make real choices and have real freedoms, we don't have free will that's independent of casualty. Rather, our character, choices and behavior are traceable to factors that precede and surround us in time and space. As individuals and as social beings we are completely integrated into the unfolding of the universe in all its amazing complexity. (2)

Le *milieu* (ou les forces extérieures qui *déterminent* notre vie) est donc un facteur essentiel dans la théorie naturaliste française, celui-ci (*le milieu*) va prendre une autre dimension dans le contexte d'Amérique latine (comme décrit un peu plus loin). Il faut penser que les Naturalistes européens ont généré des pensées novatrices qui se sont diffusées jusqu'au continent sud-américain où les nouvelles nations, dans le but de se détacher du colonisateur européen, se sont imprégnées des courants politiques et intellectuels pour les adapter à leur culture. Lillo, notre auteur naturaliste chilien, s'apparente à Zola de par son engagement politique et social : ils sont en effet tous deux les porte-parole du peuple et relatent la souffrance humaine. Avec leur plume, ils s'unissent dans le but de dénoncer l'exploitation des ouvriers de la mine du XIXe siècle (l'un en France, l'autre au Chili). Le rapprochement de ces deux peuples met en valeur le même sentiment universel : que l'humanité souffre des mêmes maux, quelle que soit la culture ou le continent. Baldomero Lillo, lui, va cependant s'intéresser à une autre forme de naturalisme, un naturalisme basé sur les rapports de forces entre maîtres et esclaves au sein d'une société figée dans les temps de la féodalité. Mais avant de s'étendre sur le sujet, il convient de présenter Lillo dans son milieu.

Baldomero Lillo (1867-1923) dans son Contexte Culturel

Pour comprendre les contes de Baldomero Lillo, il faut situer l'auteur dans son contexte historique et socio-culturel car ses écrits s'identifient à son expérience personnelle. Baldomero Lillo naît au Chili en 1867 dans le petit port de Lota, région de la côte sud de Santiago appelée Bíobío. Tandis que la France subit de nombreux conflits internes et fomente des révolutions sociales, le Chili, lui, déclare son indépendance vis-à-vis du colonisateur espagnol en 1818. Après la rédaction de la Constitution chilienne en 1823, les gouvernements libéraux et conservateurs, militaires et civils, se succèdent. La guerre de 1879-1884 appelée *la guerre du Pacifique* va enrichir le Chili de nouveaux territoires au nord riches en matières premières. Le pays va donc développer son industrie lourde. Le cuivre et le charbon sont aussi extraits en masse et exportés. Lota fait partie d'une des grandes zones industrielles de charbon qui commence au sud de Santiago et qui s'étend jusqu'au territoire des indiens autochtones Araucaniens. En 1875, le pays est alors relativement peu peuplé puisqu'il ne compte que 2.076.000 d'habitants (sans compter les Araucaniens) et se compose principalement de races mixtes : «who were predominantly mestizo and predominantly rural»

(Bethell ed. 584). La population chilienne du XIXe siècle est cependant essentiellement agraire avec une concentration notable d'ouvriers dans le nord du pays où les mines de nitrates abondent et dans le sud où se trouvent les mines de charbon (Lota).

Autre particularité propre à tous les pays d'Amérique latine, le Chili tombe encore sous le joug de la féodalité avec ses propriétaires terriens puissants appelés *caudillos* qui règnent comme des maîtres sur leurs sujets. Le colonialisme disparait pour laisser place aux immenses *latifundios* et l'industrie tombe dans les mains de la classe minoritaire dirigeante :

> Although mining dominated the export sector, it was agriculture which dominated most ordinary lives. Four out of five Chileans lived in the countryside in the 1860s. Here, as in so many other ways, the colonial legacy was overwhelming. Throughout the nineteenth century Chile remained a land of great estates, ownership of which conferred social status [...] *the tradition of landownership is one of the keys to understanding Chilean history between colonial times and the mid-twentieth century [...] haciendas occupied at least three-quarters of all agricultural land [...] the landowner is an absolute monarch in his hacienda.* (597-8, les italiques sont miens)

Cet élément historico culturel est fondamental pour expliquer la dynamique qui gouverne le caractère intrinsèque des personnages de Lillo où le rapport maître/esclave rappelle celui de l'époque médiévale où le seigneur avait le droit de vie ou de mort sur ses sujets à l'époque médiévale.

Enfin, à la différence de l'Europe, l'église au XIXe siècle tente de maintenir son hégémonie sur les populations d'Amérique latine : «The Church in Latin America after independence bore the marks of its Iberian

13

and colonial past. From Spain Catholics inherited a tradition of strong faith» (Bethell ed. 527). Au Chili, l'église catholique reste la religion d'État pendant longtemps et la société est encore influencée psychologiquement par celle-ci : «the Church in Chile, unlike those in the rest of southern cone, had a significant voice in public affairs» (569). Les contes de Lillo, bien que naturalistes et dénués de passion religieuse laissent deviner une certaine pudeur chrétienne. Il n'y a pas, par exemple, de femmes dont le comportement soit trop marqué sexuellement ou de débauchées. Il n'y a pas non plus d'indécence. Les femmes chez Lillo sont modestes et n'affichent pas leur sexualité ni leur lubricité (le conte *El pozo* est une exception ; il traite principalement de jalousies fatales entre jeunes gens), elles remplissent le rôle traditionnel de la femme au foyer. Les hommes non plus ne montrent pas leurs instincts sexuels, contrairement à Zola où cet aspect joue un rôle majeur. Ils sont sobres et travailleurs. L'auteur est prude. C'est aussi un chrétien et il ne semble pas avoir eu connaissance du darwinisme social ou, du moins, il l'ignore dans sa littérature. Les répercussions scientifiques de Darwin dans son écriture ne paraissent pas l'avoir séduit. Il décrit depuis son expérience personnelle du milieu local sans cette projection idéologique. Pour conclure sur Lillo, l'atmosphère chilienne ne va pas générer les mêmes caractéristiques naturalistes que chez Zola car les *milieux* sont distincts comme nous allons le voir.

La Présentation du Plan

Il convient donc maintenant de présenter le plan de cette thèse.

L'idée fondamentale s'articule autour du principe déjà mentionné dans

l'introduction du déterminisme et de la notion *du milieu*. Nous allons

analyser l'impact du *milieu* sur l'individu à travers son espace

géographique, social et politique dans *Germinal* de Zola et dans *Sub*

Terra de Lillo.

CHAPITRE 2

L'ESPACE GÉOGRAPHIQUE CHEZ ZOLA

La Question Essentielle : « Vous êtes d'où ? »

Dans son roman *Germinal* publié en 1885, Zola s'intéresse au milieu minier ouvrier du Nord de la France durant les années 1860. Comme mentionné précédemment dans l'introduction, pour comprendre l'essence même des personnages de *Germinal*, il est nécessaire d'étudier l'espace géographique/topographique du milieu. En fait, l'étude du (*mi*)-*lieu* est si fondamentale pour déterminer l'identité d'une personne qu'on pose toujours cette question anodine : *«Vous êtes d'où?»* Connaître le pays d'origine d'une personne est essentiel si l'on veut comprendre sa culture. Zola va donc observer ses personnages *à la loupe* et les dépeindre avec précision dans leur environnement. Il bâtit avec une : «nécessité de savant où l'homme […] est complété par son vêtement, par sa maison, par sa ville, par sa province» (Toursel 136).

Les Éléments Naturels Condamnent les Mineurs

Si l'on se place dans le contexte du XIXe siècle, on constate que les gens à cette époque ne voyageaient guère dû au manque d'argent, de transport et de certaines commodités comme, par exemple, une bonne paire de chaussures pour marcher (Zola fait déambuler ses grévistes jusqu'à l'épuisement). L'espace géographique est exploré d'un point de vue distance-mobilité-locomotion afin de démontrer que l'endroit où l'on

naît, on vit et on meurt façonne et détermine le destin de chaque individu.

Dans *Germinal*, il s'agit essentiellement du lieu de travail des ouvriers, des

mines de Montsou, du Voreux, des bourgades avoisinantes et de l'espace

domestique chez les Maheu, les Grégoire et les Hennebeau. La superficie

dans laquelle gravitent les mineurs semble assez réduite, on présume,

une dizaine de kilomètres tout au plus à cause du manque de transport

lors de la marche des grévistes. Le premier obstacle que les miniers

doivent affronter se situe au niveau matériel et aux distances à parcourir.

Marcher sans bonnes chaussures, circuler le ventre vide sans vêtements

chauds, et affronter le grand froid du Nord de la France représentent un

sérieux handicap pour nos ouvriers. Cette dimension spatiale échappe

souvent à l'homme moderne qui vit douillettement dans son confort

matériel. La foule des grévistes se rend, par exemple, de village en

village et de mine en mine pour protester et gagner le soutien des

villageois. Elle fait cependant beaucoup de tours et de détours : «Il suivit

[Mr. Hénnebeau] la bande, de Madeleine à Crève-cœur, à la Victoire, de

la Victoire à Gaston-Marie» (331). Pour éviter la répression des forces de

l'ordre, les grévistes affamés s'épuisent : «La colère, la faim, ces deux

mois de souffrance et cette débandade enragée au travers des fosses,

avait allongé en mâchoire de bêtes fauves les faces placides des

houilleurs de Montsou» (334). Ils doivent fuir les gendarmes et se cacher.

Les ouvriers doivent parcourir tous ces lieux à pied et l'on entend : «Le claquement des sabots sur la terre dure» (333), tandis que les gendarmes sont à cheval, les bourgeois, *eux,* possèdent une calèche. Les ouvriers sont par conséquent limités dans leur champ d'action: ils n'ont que leurs pieds pour marcher et leurs jambes pour courir. Ils sont clôturés dans leur espace vital. Ils ne peuvent pas vraiment sortir de leur environnement. Ils sont prisonniers de leur zone géographique (voir Figure 1). Ils n'ont pas de moyens de transport, ce qui limite leur mobilité (pas une seule fois le mot bicyclette n'est mentionné, ils ne possèdent même pas une mule).

La notion *du milieu,* le contexte spatial ou plutôt leur *confinement local* a donc pour conséquence d'isoler les personnages dans leur propre environnement social et géographique. Il y a aussi le facteur de la faim et de l'épuisement physique qui rend les hommes encore plus vulnérables et les affaiblit. Ils deviennent des bêtes, comme l'écrit Zola *des bêtes fauves.* Cet élément rejoint deux théories du Darwinisme social. D'abord, nous sommes réduits à nos instincts les plus primitifs, pour ne pas mourir de faim, nous devenons des animaux féroces sous l'emprise de l'instinct de survie. L'existence est une lutte acharnée comme le spécifient, Malthus, Herbert Spencer et Galton. Le *milieu* dans lequel vivent ces gens est particulièrement ingrat. Les enfants sont sans chaussures. Jeanlin, par exemple, travaille dans le fond de la mine nu pied : «Jeanlin courant pieds nus derrière son train» (58) et les mineurs emmitouflés pour faire face au grand froid de la région du Nord sont aussi sans chaussures : «Puis venait l'attente, pieds nus, à la recette, traversée de furieux courants d'air» (131).

Les mineurs marchent dans la bouillasse qui devient un obstacle au mouvement : «les routes empoissées de boue, une boue spéciale au pays du charbon, noire comme la suie délayée, épaisse et collante à y laisser ses sabots» (86).

Les Mineurs Déterminés de Génération en Génération

L'impossibilité de se déplacer sur de longues distances dans les campagnes du XIXe siècle symbolise le monde minier contraint de rester là où il a vécu toute sa vie, de génération en génération comme refermé sur lui-même dans l'isolement de sa condition miséreuse. Il en résulte une certaine inhabilité à s'échapper de *son milieu*. Pour comprendre toutes les répercussions de ce confinement géographique sur l'être humain, il suffit d'en revenir à Bonnemort dont les ancêtres ont été sacrifiés par la mine qui crée sans fin des générations successives de mineurs appauvris. Le vieil homme explique à Étienne :

> La famille travaillait pour la Compagnie des mines de Montsou, depuis la création ; et cela datait de loin, il y avait déjà cent six ans. Son aïeul, Guillaume Maheu, un gamin de quinze ans alors, avait trouvé le charbon gras à Réquillart, la première fosse de la Compagnie, une vieille fosse aujourd'hui abandonnée [...] on faisait ça de père en fils [...] cent six ans d'abattage, les mioches après les vieux. (14)

L'enlisement dans la boue, la pénurie de transport, la faim, le froid et les sans-chaussures *déterminent* la destinée de la vie des mineurs. Cette idée fondamentale *déterministe* façonne le caractère et la destinée

19

des êtres humains et implique que l'homme ne choisit pas totalement sa vie mais la subit. Il n'a qu'un choix limité pour s'extirper de sa condition. Il est aussi mentalement conditionné à vivre et à penser d'une certaine manière car sa communauté, en l'occurrence la communauté minière l'influence. On a du mal à imaginer toutes les implications psychologiques du terrain géographique physique sur l'individu à cette époque car la notion moderne du transport en relation avec l'espace s'apparente plus au coût qu'à l'effort physique ou aux obstacles naturels (mer, montagnes, froid, boue par exemple).

Pour Lillo, l'espace géographique est intimement lié à son expérience personnelle car Lillo vit parmi ses personnages. Comme le Chili est un pays entouré par la mer et la montagne, le milieu spatial semble encore plus claustrophobe.

CHAPITRE 3

L'ESPACE GÉOGRAPHIQUE ET DOMESTIQUE CHEZ LILLO

Une Expérience Personnelle à Lota

Pour ce qui est du milieu géographique, Lillo connait parfaitement

le paysage et le climat dans lequel vivent les mineurs car il est né parmi

eux. Il a vécu toute sa jeunesse et une partie de sa vie adulte à Lota. Il

connait donc bien son pays, comme l'explique Víctor M. Valenzuela dans

son article sur Lillo :

> Lillo lived a sad life. He was born on January 6, 1867, in Lota, a
> southern port and the center of the coal mining region of Chile [...]
> For the most part he lived in a world of his own, but when he grew
> up not even his imagination could keep him from reacting to the
> suffering of the workers with whom he associated when he was a
> clerk in one of the mines. In 1898, he went to Santiago. (89)

Son père travaille dans la mine comme contremaître (*capataz)*: « Su

padre trabajaba en una mina de carbón del mismo lugar y, por siguiente,

era muy pobre para poder mandarle al colegio» (Chavarri 7) [Son père

travaillait au même endroit dans une mine de charbon et il était par

conséquent trop pauvre pour pouvoir l'envoyer au collège]. On apprend

aussi qu'il est incapable de poursuivre des études supérieures (il ne

termine pas ses études secondaires dans le lycée de Lebu) car il est

atteint de la tuberculose à un très jeune âge. Cette maladie le contraint à

mener une vie sédentaire et à chercher un emploi relativement jeune dans

une des épiceries (*pulpería*) de la compagnie minière appelée *El Buen*

Retiro. C'est durant cette période que Lillo commence à s'intéresser au sort de ses compagnons les mineurs de Lota. À la différence de Zola, l'espace physique dans lequel gravitent les personnages de Lillo est décrit depuis l'expérience personnelle de l'auteur. Bien que les descriptions de paysages soient succinctes, elles partagent néanmoins des points communs avec celles de Zola.

Les Éléments Naturels Emprisonnent les Mineurs

Le climat est ingrat et inhospitalier. Il y fait froid, il pleut beaucoup, il fait sombre, il y a du brouillard, il y a la mer (vue plutôt comme une menace quant à la sécurité des mineurs) et surtout les mineurs pataugent aussi dans la boue pieds nus dans le village. Dans *El Pago*, la femme sort sans chaussures avec son mari et ses enfants pour aller chercher la paie : «El obrero se calzó sus ojotas y seguido de la mujer que, llevando la criatura en brazos y el otro pequeño de la mano, caminaba hundiendo sus pies desnudos en el lodo, se dirigío hacia la carretera» (137) [L'ouvrier enfila ses souliers, et, suivi de la femme qui, portant l'enfant dans ses bras et tenant l'autre petit par la main, marchait enfonçant ses pieds nus dans la boue, se dirigea vers la rue]. Les hommes travaillent aussi dans la boue à l'intérieur de la mine comme dépeint dans *El Grisu* : «La vagoneta se detuvo : de bruces en el lodo, asido con ambas manos a los rieles en actitud de arrastrar aún yacía el más joven de los conductores» (120) [la vagonnette s'arrêta : ainsi s'étendait le plus jeune des conducteurs, à plat ventre dans la boue, les rails saisis par les deux

22

mains en position de remorquage]. Un peu plus loin, on entend les ouvriers piétiner dans la bouillasse : «se oía el chapoteo de los pies en el lodo líquido» (122) [on entendait le clapotement des pieds dans la boue liquide]. Dans *El registro*, la vieille femme va chercher en cachette son *mate* nu pied : «La abuela con la falda arremangada y los pies descalzos, caminaba a toda prisa» (179) [la grand-mère avec la jupe retroussée et les pieds nus, marchait à toute vitesse]. Les références à la boue et aux pieds nus sont nombreuses dans les contes de Lillo. Les villageois sont comme à moitié enterrés vivants. Le climat semble encore plus terrifiant chez Lillo que dans les plaines décharnées de Zola car au-delà des terres, il y a la menace de l'océan. La mer est menaçante et enferme le village dans une muraille de brouillard aveuglante:

> Por el lado del mar, una espesa cortina de brumas cerraba el horizonte, como un muro opaco que avanzaba lentamente tragándose a su paso todo lo que la vista percibía en aquella dirección» (*El pago* 136)
>
> [Du côté de la mer, une espèce de rideau de brume fermait l'horizon, comme un mur opaque qui avançait lentement avalant à son passage tout ce que la vision pouvait percevoir dans cette direction].

Les hommes de la mine entendent aussi les vagues de la mer lorsqu'ils travaillent sous terre et l'humidité est telle que les poutres des tunnels pourrissent prématurément. La nature leur est hostile et les limite dans leurs déplacements. Il y a là aussi le facteur déterministe où la force des éléments (en particulier l'océan et le climat) contraint les hommes à l'immobilité. Les paysages chez Lillo sont encore plus claustrophobes car il y a d'un côté l'océan Pacifique et de l'autre les montagnes andines. Il semble que les mineurs sont enfermés dans un étau. Chez Zola, c'est le désert de la plaine du nord.

La Compagnie Contrôle les Ouvriers

Un autre phénomène fondamental va contribuer à l'isolement géographique des hommes : la société minière va fabriquer sa propre monnaie et ses propres lois pour ses travailleurs, ce qui créée une nation indépendante à l'intérieur de la nation chilienne (voir Figure 2). Fernando Alegría explique:

> En los días en que el autor vive cerca de ellos, los mineros se hallan confinados en el Campamento igual que en un campo de concentración. Con virtuosa prudencia la Compañía ha cortado las comunicaciones con el mundo de fuera, a fin de que sus obreros no caigan en las tentaciones de la chingana y el garito. La Compañía se daba sus leyes y acuñaba moneda propia, como si fuese un principado extranjero enclavado al margen de la soberanía de la nación. Las multas y los recargos por materiales completaban el despojo, manteniendo así al trabajador en forzada servidumbre. (248)

> [Du temps où l'auteur vivait près d'eux, les mineurs se trouvaient confinés dans un camp égal à un camp de concentration. Avec une prudence virtuose, la Compagnie avait coupé toute communication avec l'extérieur, afin que les ouvriers ne tombent pas dans les tentations des tavernes et du tripot. La Compagnie faisait ses lois et imprimait sa propre monnaie, comme s'il s'agissait d'une principauté étrangère située en marge de la nation souveraine]

Un dernier élément est incorporé dans cette citation : les mineurs n'ont pas le droit d'acheter leurs produits alimentaires et domestiques ailleurs que dans l'épicerie de la compagnie minière(la *pulpería* où

travaille Lillo) ; ce qui explique la scène dans *El registro* où la vieille

achète en secret son maté. Elle se fait arrêter par le service de sécurité de

la compagnie qui possède aussi sa propre police. C'est donc un paysage

digne du roman de George Orwell, *1984* où chaque citoyen doit être

physiquement surveillé (notamment par les caméras) et

psychologiquement contrôlé par la propagande de *Big Brother* du *Ministry*

of Truth. Le seul système de lois existant pour ces mineurs est celui de la

compagnie.

Pour conclure sur l'espace géographique de *Germinal* et de *Sub*

Terra, voici un schéma qui expose l'impact de cet espace géographique

sur l'individu : le milieu et l'effet prison.

CHAPITRE 4

L'ESPACE SOCIAL CHEZ ZOLA

Le Foyer Ouvrier, la Misère

Le milieu social d'une communauté est en partie représenté par ses gens et par leur mode de vie. Henri Mitterand dans son livre *Zola, l'homme de Germinal* explique les intentions de l'écrivain à travers ses descriptions:

> Ne pas idéaliser les misérables (comme le fait Victor Hugo), ne pas les noyer sous des flots de compassion ou de pardon, mais les donner à voir et à entendre, prendre toute la mesure de leur condition et de ses fatalités, violer les tabous politiques d'une société qui ne regarde pas les réalités en face. Le temps est venu de la clinique et du diagnostic. (313)

Zola décrit les foyers bourgeois et ouvriers par le moyen des contrastes (l'abondance/bourgeois, l'indigence/ouvrier). La *description* des repas chez les mineurs, par exemple, se veut donc austère et aride, il n'y a ni témoignage de pitié dans le fait que les familles ouvrières meurent de faim, ni sentimentalité :

> Elle [La Maheude] fit cuire une poignée de vermicelle, qu'elle tenait en réserve depuis trois jours. On l'avalait à l'eau, sans beurre ; il ne devait rien rester de la lichette de la veille [...] le buffet était vide : rien, pas une croûte, pas un fond de provision, pas un os à ronger. (85)

L'ajout de *l'os à ronger* implique l'idée d'une vie miséreuse, réduite à l´état animal comme les chiens de la rue.

Le Foyer Bourgeois, l'Opulence

Le contraste est mis en évidence dans la description du repas dans la classe bourgeoise. Par exemple, les Grégoire sont chez les Hennebeau et le déjeuner devient gargantuesque :

> Après les œufs brouillés aux truffes, parurent des truites de rivière
> [...] le domestique présentait des perdreaux rôtis, tandis que la
> femme de chambre commençait à verser du chambertin aux
> convives [...] on se jeta sur la salade russe [...] un buisson
> d'écrevisses [...] une charlotte de pommes meringuée [...] les
> fruits, du raisin et des poires achevèrent cet heureux abandon des
> fins de déjeuner copieux. (204)

La Division des Classes, l'Isolement Social des Pauvres

Ces scènes de repas décrivent les personnages dans leur *milieu ambiant*: les pauvres crèvent la faim tandis que les bourgeois s'empiffrent. Le lecteur se rend donc compte de la disparité des classes sociales au travers des descriptions méticuleuses de leur espace domestique. Zola parvient ainsi (par le biais des contrastes) à donner mauvaise conscience au lecteur sans pour autant utiliser le lexique de la compassion et de la sentimentalité. Bien que Zola se prétende objectif comme le veut l'observation scientifique, il y a caricature des classes sociales qui laisse entrevoir les idées politiques de Zola. Le luxe et la surabondance dans le choix de la nourriture chez les bourgeois (Hennebeau) rend le repas des Maheu (les mineurs) insupportable. Lorsque la Maheude va rendre visite aux Grégoire, ceux-ci ne semblent pas s'apercevoir que la famille Maheu est littéralement en train de mourir de faim. Même scénario avec madame

Hennebeau qui ne comprend pas pourquoi les mineurs se plaignent de leur vie, elle :

> s'étonnait, en entendant parler de la misère des charbonniers de Montsou. [...] Des gens logés, chauffés, soignés aux frais de la Compagnie ! Dans son indifférence pour ce troupeau, elle ne savait de lui que la leçon apprise [...] elle s'indignait de l'ingratitude du peuple (201).

Les Grégoire, les Hennebeau vivent dans leur propre univers. Dans ces scènes domestiques, Zola rappelle qu'il y a séparation des classes et que chacun reste à sa place, on ne se connait pas, on ne se comprend pas et on ne se mélange pas. Il y a stagnation sociale de la classe pauvre qui se voit ignorée, ostracisée et rejetée d'où le sentiment d'isolement.

Maintenant il est important de se concentrer sur l'aspect physiologique des personnages car Zola utilise le même processus des contrastes pour dévoiler l'injustice. Il y a sans aucun doute les disparités physiques entre riches et pauvres. Les riches sont *gras, roses et dodus* tandis que les mineurs sont rachitiques. Madame Grégoire par exemple est petite, grosse et ne parait pas son âge : «Courte, grasse, âgée déjà de cinquante-huit ans, elle gardait une grosse figure poupine» (73). Si on la compare avec la physionomie de Bonnemort qui a exactement le même âge : «Je n'avais pas huit ans lorsque je suis descendu, tenez! Juste dans le Voreux, et j'en ai cinquante-huit à cette heure» (13), il est l'antithèse de la bonne santé et de la figure joufflue de Madame Grégoire, car cet homme est déjà un vieillard attaqué par la silicose. Il est du reste toujours appelé ainsi: «Le *vieux* crachait noir [...] Oui, disait *le vieillard* » (10). Il est aussi mentalement totalement détruit: «Quant *au grand-père*, il devait s'être cassé quelque chose dans la cervelle [...] car il semblait imbécile» (421). Quant à Cécile, la fille des Grégoire qui sera par la suite étranglée par Bonnemort lors d'une visite chez les mineurs, elle a la poitrine *lourde* et respire la bonne santé: «Elle n'était pas jolie, **trop** saine, **trop** bien portante, mûre à dix-huit ans; elle avait une chair superbe, une fraîcheur de lait [...] sa face ronde au petit nez volontaire, noyé entre les joues» (75). La répétition du mot **trop** accentue l'idée de l'abondance, de la surenchère, presque du gaspillage.

Le contraste avec Catherine, la fille des Maheu qui est aussi une adolescente, est frappant car elle n'est pas assez développée pour son âge (à l'opposé de Cécile). Le manque de nourriture retarde la croissance des enfants et Catherine présente les caractéristiques de la malnutrition. Sa sexualité est du reste presque invisible (c'est la raison pour laquelle Étienne pense au début que c'est un garçon), elle est maigre et pâle comme un linge : «Elle apparaissait d'une blancheur pâle, de cette neige transparente des blondes anémiques [...] les mains et le visage déjà gâtés» (157). Ces deux personnages (Bonnemort et Catherine) vieillissent prématurément car le *milieu* dans lequel ils vivent les conditionne physiquement et mentalement. Ils sont le résultat de leur environnement (*déterminisme*) qui les conduit à la déchéance physique. Ils s'abêtissent à cause de la privation de nourriture et de sommeil. Le contexte social configure donc l'aspect physique et mental des personnes, ce qui confirme le concept déterministe.

Le Darwinisme Social et les Tares Héréditaires

Le darwinisme social apparaît nettement dans la vision hostile pleine de préjugés de madame Hénnebeau sur les mineurs. Elle les considère comme des êtres inférieurs, des animaux, des bêtes sauvages, des ignares et des monstres: «Quels visages atroces ! Balbutia Mme Hénnebeau» (334), en parlant de la foule de grévistes. Mr. Hénnebeau appelle les ouvriers des *imbéciles* (337); Mr. Grégoire pense qu'ils sont des dégénérés: «Il faut dire que les ouvriers ne sont guère sages […] les mineurs boivent, font des dettes, finissent par n'avoir plus de quoi nourrir leur famille»(92). Un peu plus loin, Zola met en évidence les prédispositions de la classe ouvrière à l'alcoolisme et la débauche: «Ça finit toujours par des hommes soûls et par des filles pleines»(161). Zola pense que les hommes sont victimes de leurs tares héréditaires. On ne sait pas jusqu'à quel point l'auteur considère que certaines classes sociales sont le résultat de la dégénération. Catherine Maheu, par exemple, est un personnage qui se voit affligé par la prédisposition atavique. L'infortunée souffre du mal héréditaire de la passivité et de la soumission. Elle tombe victime de la violence domestique de la part de son fiancé Chaval. Zola est convaincu que ces défauts se transmettent de génération en génération car au début du roman, il présente une Catherine: «bouleversée dans ses idées héréditaires de subordination, d'obéissance passive» (47) lorsqu'elle apprend qu'Étienne a été renvoyé parce qu'il a giflé son chef. Un peu plus loin, Zola décrit la relation entre Chaval et Catherine de la façon suivante: «Elle cessa de se défendre, subissant le mâle avant l'âge, avec cette soumission héréditaire» (128).

D'une certaine manière, les relations entre le Déterminisme et le Darwinisme social se confondent dans l'esprit de Zola car *le milieu* de la classe pauvre est représenté avec ses tares comme la passivité (chez Catherine), l'alcoolisme et la débauche. Il est indéniable que la pauvreté et la faim engendrent toutes sortes de maux et maladies comme le spécifie Zola : «le père asthmatique, les genoux enflés d'eau, la mère et les petits travaillés de la scrofule et de l'anémie héréditaire» (249) mais les défauts de la personnalité (soumission, passivité) et les vices (débauche et alcoolisme) ne se passent pas biologiquement et ne sont pas héréditaires génétiquement. Ils représentent en revanche le résultat de l'influence du milieu social. L'auteur tombe donc victime du darwinisme social en vogue à l'époque (comme mentionné dans l'introduction, chapitre des découvertes scientifiques). Le milieu ouvrier se voit donc doublement isolé de par sa condition (la pauvreté matérielle, la misère et ses soi-disant tares héréditaires).

Pour Zola le *milieu* révèle une société hantée par les inégalités sociales. Le concept de la division des classes est visible dans l'espace géographique et dans l'espace social des personnages. Pour Lillo, le milieu social est resté figé dans la féodalité.

31

CHAPITRE 5

L'ESPACE SOCIAL CHEZ LILLO

La Société Féodale, Rapport de Force Maître/Esclave

Pour Baldomero Lillo la description physique des lieux, du terrain et des hommes reste brève. Il est plutôt minimaliste et ne s'encombre pas de détails. L'écrivain décrit essentiellement les conditions de travail de la classe défavorisée à travers le rapport de force *dominant/dominé* au sein d'une société de type féodale. Le milieu ambiant conditionne, gouverne le caractère et la conduite du minier d'un point de vue psychologique. Il y a certes la misère, mais ce qui importe c'est de dénoncer la manipulation mentale et physique du maître sur l'esclave. Comme précédemment évoqué dans l'introduction, les vices, les tares sont invisibles dans ses gens humbles. Il partage la même vision que celle de George Sand vis-à-vis de ses paysans, c'est-à-dire que ses mineurs sont travailleurs, nobles d'esprit, courageux, ils font une besogne ingrate. Ils se révoltent à peine, ils sont souvent soumis et baissent l'échine. Lillo présente également un naturalisme noir teinté par l'humiliation, la violence, le suicide et la mort. L'attention se concentre sur l'exploité, sur le sordide. Raúl Silva Castro dans son *Panorama literario de Chile* explique les intentions de l'auteur de la façon suivante: «A Lillo le interesaban sólo los aspectos ingratos de la realidad […] y antes de trazar dramas de almas y cuadros livianos, se inclinó a los trágicos y dolorosos» (348-49) [La seule chose qui intéressait Lillo était les aspects ingrats de la réalité... et avant de

dépeindre les états d'âme et les cadres légers, il s'inclina vers le tragique

et le douloureux].

Quant aux quelques descriptions physiques des foyers, on survole

le décor qui est sans artifice, on se limite à l'essentiel, ce qui met en

évidence la misère du milieu. Par exemple dans *El pago*, le dénuement

des pièces est frappant : tables, bancs, couvertures, sacs, lits avec des

matelas de paille :

> Aquel lecho compuesto de cuatro tablas, sobre dos banquillos y cubiertas por unos cuantos sacos, no tenía más abrigo que una manta deshilachada y sucia. La mujer y los dos chicos, un rapaz de cinco años y una criatura de ocho meses, dormían en una cama parecida, pero más confortable, pues se había agregado a los sacos un jergón de paja. (El pago 136)

> [La couche était composée de quatre planches sur deux bancs et couvertes par quelques sacs, il n'avait d'autre abri chaud qu'une couverture effilochée et sale. La femme et les deux enfants, un garçonnet de cinq ans et un nourrisson de huit mois, dormaient sur un lit similaire, mais plus confortable, puis on avait ajouté aux sacs une motte de paille]

L'auteur fait souvent allusion aux vêtements usés et rapiécés des

mineurs mais ne mentionne guère leur espace domestique, la raison étant

qu'il veut se concentrer sur l'interaction des classes. Les hommes-maîtres

constituent une menace supplémentaire qui met en péril la vie des

hommes-esclaves. L'écriture de Lillo se différentie de celle de Zola dans

le sens où les tensions entre les personnages culminent : on sent un tel

malaise qu'on en oublie le décor. Il nous appartient donc d'analyser ces tensions comme par exemple l'humiliation qui est une des armes du maître sur l'esclave.

L'Humiliation

Tandis que Zola utilise les contrastes pour suggérer la misère du mineur, Lillo s'engage plus directement en présentant la domination du fort sur le faible, l'abus mental et physique du riche sur le pauvre, l'exploitation matérielle du peuple par une minorité privilégiée. Les thèmes de l'humiliation, de la violence, du suicide et de la mort prédominent donc dans tous ses contes. Ces rapports de force évoquent les restes du colonialisme où l'autochtone perd son identité pour servir son seigneur, il devient passif et soumis. Le colonisé devient un être de seconde classe, c'est l'esclave. L'observation naturaliste du milieu chez Lillo prend une tournure plus *engagée* que Zola car il n'y a pas d'insinuations à double sens sur la classe défavorisée. Le darwinisme social est inexistant chez Lillo. Son but est de provoquer la honte, la pitié et la compassion. Au lieu d'inciter à la révolution, Il va manipuler les sentiments du lecteur dans ses récits. L'auteur va utiliser l'humiliation pour dévoiler l'injustice.

Les humiliations dans *El grisu, El registro,* et *La mano pegada* prennent une dimension inhumaine. Il ne s'agit pas de petits avilissements ou vexations dégradantes mais plutôt d'une classe dominante qui parfois devient sadique. Dans *El grisu*, par exemple, l'humiliation intervient entre trois hommes, Mr. Davis, l'ingénieur responsable de la mine et les deux

34

jeunes ouvriers. La scène se déroule dans la mine durant le contrôle des

poutres de maintien qui sont en état de putréfaction. Un des jeunes gens

tombe dans la boue après avoir vainement essayé de pousser un wagon

trop lourd. Mr. Davis se met en colère et commence à l'insulter puis le bât

à coups de triques de fer :

> Canalla, haragán – gritó enfurecido. Y la vara de hierro se alzó y
> cayó repetidas veces, produciendo un ruido sordo en aquel cuerpo
> inanimado. Al sentir los golpes, el caído se incorporó sobre las
> rodillas y haciendo un esfuerzo se puso de pie. Había en sus ojos
> una expresión de rabia, de dolor y desesperación. Con nervioso
> movimiento, se despojó de sus arreos de bestia de tiro y se arrimó
> a la pared donde quedó inmóvil. (121)

> [Canaille, fainéant – hurla-t-il furieux. Et la barre de fer se leva et
> tomba répétitivement, produisant un bruit sourd sur ce corps
> inanimé. Sentant les coups, le déchu se releva sur ses genoux et
> faisant un effort, se mit debout. Il y avait une expression de rage
> dans ses yeux, de douleur et de désespoir. D'un mouvement
> nerveux, il se dépouilla de ses attelles de bête de somme,
> s'approcha du mur où il resta immobile].

Le traitement reçu est cruel, injuste et humiliant. La dynamique de la

scène entre le dominant (Mr. Davis) et le dominé (le jeune ouvrier battu)

crée un sentiment de malaise et d'outrage chez le lecteur qui s'attend à

une réaction explosive de la part des mineurs. Cette image nous rappelle

l'infamie de l'époque de l'esclavage, le rapport de force du maître sur

l'esclave. Il faut noter que peu d'ouvriers se révoltent, ils acceptent les

conditions de travail inhumaines. Ils peuvent à peine pousser la

wagonnette trop lourde. Il y a une certaine passivité de la part des

mineurs, comme si le rapport maître/esclave, battre/battu était une

situation naturelle qu'il fallait accepter. On retrouve cette passivité, cette soumission dans presque tous les contes de Lillo (*El pago; El chiflón del diablo; El registro; La compuesta numéro 12; Los invalidos,* etc.) Cette remarque est du reste confirmée par Lesley Bethell dans *The Cambridge History of Latin America, From Independence to 1870* qui souligne l'état passif des populations: «The rural poor remained passive throughout the period and, in fact, well beyond it» (584).

Dans *El registro*, par exemple, la scène de l'humiliation prend place dans la maison d'une famille de minier. La vieille, appelée *abuela,* part acheter son *mate* (sorte de thé qui se boit dans certains pays d'Amérique latine) en secret dans un autre village. Elle décide de partir un jour de pluie très tôt le matin afin de ne pas attirer l'attention des autres paroissiens. Malheureusement, elle est dénoncée par un villageois et reçoit la visite de l'inspecteur *el jefe del despacho* (les mineurs ne sont pas autorisés à acheter leurs provisions ailleurs que dans le magasin de la compagnie minière; Lillo ayant été employé à la coopérative de la mine connait bien les règles de la compagnie). La perquisition prend place comme si la vieille avait commis un crime. Sa maison est fouillée, les employés lui relèvent même les jupes et lui palpent le corps :

> Mientras los dos hombres cogían de los brazos a la anciana y la sostenían en pie, el jovencillo efectuó en un instante la odiosa operación – No tiene nada – dijo, enjugándose las manos que se le habían humedecido al recorrer los pliegues de la ropa mojada. (183)

> [Pendant que les deux hommes attrapaient la vieille femme par les bras et la soutenait debout, le jeune homme effectua en un instant l'odieuse opération – elle n'a rien – dit-il, se séchant les mains qui s´étaient humidifiées en soulevant les plis de la robe mouillée]

Le *mate* est finalement découvert et la vieille reçoit un avertissement :

Si no fuera usted una pobre vieja ahora mismo la hacía desocupar el cuarto, arrojándola en la calle. Y esto, en consciencia, sería lo justo, pues usted lo sabe muy bien, abuela, que comprar algo fuera del despacho es un robo que se hace a la Compañía. (183)

[Si vous n'étiez pas une vieille femme, je vous ferais expulser du logement, en vous jetant à la rue. Et cela, en toute bonne conscience, serait juste, puis vous le savez très bien grand-mère, que d'acheter quelque chose en dehors du magasin de la compagnie, c'est un vol vis-à-vis de la société]

D'un point de vue psychologique, l'humiliation que Lillo met en évidence réside dans le fait que la vieille perd toute sa dignité. Le délit est dérisoire (aller acheter du *mate* dans le village voisin) tandis que la menace de la punition semble disproportionnée. Si l'on dresse une parallèle avec le roman de Victor Hugo dans les *Misérables,* Jean Valjean n'est-il pas envoyé en prison pour avoir volé du pain pour nourrir sa famille? Lillo utilise le même procédé narratif : provoquer l'outrage du lecteur. Il expose intentionnellement les abus de la classe dominante : les ouvriers n'ont pas le droit de s'approvisionner ailleurs que dans le magasin de la compagnie, les inspecteurs rentrent dans la maison sans que la vieille puisse les arrêter et elle se fait fouiller sans aucune forme de respect. Pour combler l'outrage, les inspecteurs se moquent des pauvres nippes de la femme: Abrieron el pequeño baúl, y [...] haciendo equivocos comentarios sobre aquellas prendas, tan rotas y deshilachadas, que no había por donde cogerlas» (182) [Ils ouvrirent le petit coffre, et ... faisant des commentaires désobligeants sur ces vêtements, si déchirés et

37

effilochés, qu'on savait comment les prendre]. Cette perquisition semble inimaginable à notre époque mais elle est révélatrice d'une société qui non seulement contrôle les faits et gestes de sa communauté mais qui aussi condamne sévèrement les plus démunis.

Chez Zola, la compagnie minière a aussi son magasin d'approvisionnement où l'infâme Maigrat reçoit ses paiements en nature. Il y a donc chez les deux auteurs (Zola et Lillo) des femmes qui perdent leur dignité : dans *Germinal,* les jeunes filles se font violer par Maigrat pour un pain et du café et dans *SubTerra* la vieille se fait trousser pour un paquet de *mate.* Les femmes sont donc une proie facile dans ces deux communautés minières. Il y a invasion de l'espace intime et privé des femmes. Les valeurs morales du respect de l'autre, de la dignité humaine s'effacent au service de l'idéologie économique. La femme dans ce système capitaliste devient une commodité.

Dans le conte de *La mano pegada* l'humiliation est encore une fois appliquée à un vieux Don Paico.

Don Paico est un vagabond rachitique de la communauté qui déambule de village en village est arrêté et fait prisonnier pour avoir leurré les paysans avec sa *mano pegada*. Ce conte revêt un aspect magique : le vieillard fait croire aux ouvriers agricoles que sa main gauche reste collée à sa poitrine. C'est la punition qu'il doit subir pour avoir frappé sa mère avec cette main lorsqu'il était jeune adolescent. Les paysans nourrissent le vieil homme, qui, une fois repu, conte son histoire à la foule

enthousiaste.

Don Simón Antonio, le riche propriétaire (le *caudillo*) décide de

mettre fin à ces balivernes en emprisonnant Don Paico et en lui affligeant

toutes sortes d'humiliations et de tortures. Il arrache la main collée de la

poitrine de Don Paico qui est ensuite conduit à la prison, fouetté et attaché

en croix. Le vieillard est ensuite libéré après le repas du maître et conduit

sur la route, où, à la vue de tous, il est à nouveau fouetté avec ses bras

attachés à nouveau en croix. Le vieillard est humilié devant la foule

apeurée. Le châtiment choisi par Lillo semble venir directement de la

scène biblique de la crucifixion du Christ. Les thèmes de la magie (la

mano pegada, la main collée) et la religion sont utilisés simultanément.

Lillo s'attaque au domaine sacré du paysan: Au XIXe siècle les gens

illettrés sont facilement impressionnables, on croit à la magie et on

pratique la religion locale qui possède aussi ses rituels païens. En utilisant

la crucifixion Don Simón Antonio touche à ce qu'il y a de plus cher au

monde rural: la foi. Pourquoi Lillo passe-t-il du monde ouvrier minier au

monde rural dans son œuvre? Peut-être que l'auteur veut tout simplement

montrer que le monde paysan comme le monde ouvrier sont tous deux

victimes de la classe dominante, c'est une voie sans issue pour les

paysans comme pour les ouvriers. La punition infligée au vieux vagabond

représente aussi la tendance d'une certaine catégorie de personnes de la

haute société ou de la classe privilégiée qui se croit au-dessus des lois et qui pense qu'elle peut agir comme bon lui semble sans la moindre impunité. Le *caudillo* se prend pour Dieu. C'est aussi une façon de montrer qui est le maître et qui contrôle. Il se conduit en colonisateur. Il est en territoire conquis.

Un autre point important dans *La mano pegada* est la description du riche propriétaire Don Simón Antonio qui a aussi été nommé juge de son district. C'est un homme d'honneur et fier. Il se fait un devoir de corriger les éléments subversifs de sa communauté :

> Cuando se le designó para juez de aquel distrito rural, vio en el ejercicio del cargo un medio de cerrar la boca a los maldicientes. Mostraría un amor tan grande por la justicia; desplegaría tal ardor para perseguir el mal, que su fama de magistrado integro borraría estaba de ello seguro, los pecadillos que se le achacaban. (204)

> [Quand il fut désigné juge du district rural, il vit sa fonction comme un moyen de fermer la bouche à ces médisants. Il montrerait un amour si grand pour la justice; il déploierait une telle ardeur à poursuivre le mal, que sa réputation de magistrat intègre, effacerait, il en était sûr, les péchés qu'il avait accumulés].

Il y a cependant une note de sarcasme dans les propos de Lillo concernant cet homme impartial poursuivant les vagabonds qui vivent de la charité des paysans : il est devenu riche grâce à certaines transactions douteuses qui jettent un doute son intégrité. Le dicton *faites ce que je dis et pas ce que je fais* s'applique donc à notre riche propriétaire qui semble avoir omis ses propres méfaits. Lillo dénonce la corruption :

> Don Simón Antonio debía su fortuna, parte a su infatigable tesón para atesorar y parte a ciertos manejos que, puestos más de una vez en transparencia, echaron a rodar ciertos rumores sobre su probidad, rumores que, sin quitarle el sueño, lo mortificaban más de lo que hubiera confesado sobre este particular. (203)

[Don Simón Antonio devait sa fortune, en partie due à son infatigable persévérance à s'enrichir et en partie aux manœuvres qui, mises plus d'une fois à nue, firent entendre certaines rumeurs sur sa probité, rumeurs qui, sans l'empécher de dormir, le mortifiaient plus qu'il ne l'aurait confessé sur ce sujet].

L'humiliation est un sentiment puissant et destructeur mais la violence physique est l'ultime châtiment imposé à l'homme avant la mort. Les contes de Lillo sont imprégnés de violence.

La Violence

Étudier la violence dans les contes de Lillo implique l'idée du contrôle, l'assujettissement du dominant sur le dominé. Il y a un rapport de force entre les deux individus et le dominé est toujours celui qui se trouve au bout de la chaine économique. Dans *El Grisu*, le dominant est Mr. Davis, le *yankee*, l'ingénieur en chef qui supervise le bon fonctionnement de la mine. Le travail dans cette mine représente un effort physique surhumain de la part des mineurs car pour atteindre le filon de charbon, il faut piocher à des centaines de mètres de profondeur et les ouvriers ne sont pas payés à l'heure mais au nombre de wagonnets. De plus, la mine est très humide et il faut souvent changer les poutres de soutien des tunnels qui pourrissent rapidement. Tous ces efforts ne sont pas rémunérés et les ouvriers se retrouvent physiquement épuisés. Le mécontentement se fait savoir et un vieil homme s'approche de Mr. Davis pour lui montrer ses blessures et dit : «Lo hemos ganado con nuestra sangre ¡Mire Ud.!» (125) [Nous l'avons gagné avec notre sang ! Regardez

! Mais l'ingénieur ignore le vieillard qui, voyant son indifférence tire sur

veste. Celui-ci, offusqué d'avoir été touché par un ouvrier, lui assène un

coup violent qui l'envoie à dix pas de distance :

> En un acceso de desesperación, alargó la mano y lo cogió de la
> ropa. Un brazo formidable se alzó en la oscuridad y de un furioso
> revés lanzó al atrevido a diez pasos de distancia. Se oyó un ruido
> sordo, un quejido y todo quedó otra vez en silencio. (126)

> [Dans un excès de désespoir, il étendit la main et l'attrapa par le
> vêtement. Un bras formidable s'éleva dans l'obscurité et d'un
> revers lança l'intrépide à dix pas de distance. On entendit un bruit
> sourd, une plainte et tout resta à nouveau dans le silence].

La scène est accablante de par sa grande brutalité. Mr. Davis est

impitoyable car il frappe un vieil homme déjà blessé. Un épisode similaire

arrive dans cette même mine quelques instants plus tard quand *Viento*

negro, un jeune mineur plein d'ardeur, décide de ne pas écouter les

conseils de ses confrères plus expérimentés et frappe avec acharnement

la roche qui est proche de la fuite du grisou. On lui explique que c'est trop

dangereux et qu'une seule étincelle peut provoquer l'explosion du grisou.

Viento negro n'écoute pas et provoque une dispute. L'ingénieur intervient

et les coups tombent, ceux-ci sont assénés alternativement entre le chef

d'équipe, *el capataz,* et Mr.Davis: «Pero un terrible puñetazo que le

alcanzó en pleno rostro lo arrojó de espaldas con extemada

violencia »(130) [Mais un terrible coup de poing qui lui arriva en pleine

figure le jeta sur le dos avec une extrême violence]. Mr. Davis, qui est

physiquement plus robuste que ses ouvriers affamés, consolide donc sa

position de chef en imposant sa loi par la force. Lillo termine le conte avec

Viento Negro qui fait exploser la mine avec ouvriers et ingénieur. Cette violence a donc une conséquence négative sur le dénouement de l'histoire. Donald F. Brown dans son article *A Chilean Germinal: Zola and Baldomero Lillo*, explique que les deux partis perdent car tout le monde meurt :

> Another story of Lillo's, "El grisú", relates the revolt of a hot-tempered young miner, who, driven by the brutality of his superiors, deliberately sparks his sledge-hammer against the rocky roof of the tunnel, causing an explosion of firedamp that avenges him against his oppressors even though he loses his own life into the bargain. (48)

Si nous revenons au conte de «*La mano pegada*», le vieux se fait brutaliser, fouetter et crucifier alors que toute cette violence n'est pas nécessaire car Don Simón Antonio n'est jamais en danger. Si celui-ci utilise la violence, c'est pour imposer son contrôle sur toute la communauté. En montrant l'exemple, il réaffirme son pouvoir sur ses employés (d'où l'idée du rapport dominant/dominé). Le même sentiment anime Mr. Davis, celui de montrer qui est le chef. En infligeant humiliation et violence, les autres mineurs n'osent pas se révolter même si la situation est désespérée. Ceux-ci deviennent assujettis par la peur et la terreur. C'est une tactique que les tyrans ou les dictateurs utilisent souvent.

Dans «*Era el solo*» il y a un autre exemple de la violence mais cette fois-ci elle s'applique sur un enfant orphelin issu d'une famille de mineurs. Ses parents (son père meurt d'un accident du travail et sa mère d'épuisement) sont morts et il est recueilli par une bourgeoise qui n'a d'autres distractions que de le faire travailler sans relâche, le torturer et lui asséner des coups de fouets: «Sacó del debajo del delantal un pesado chicote y con la soltura y el garbo de un añeja prática, lo enarboló por encima de su cabeza» (190) [Elle sortit du dessous de son tablier un fouet lourd et avec l'aisance et la grâce d'une main experte, le frappa sur le dessus de la tête]. Lillo ici mentionne avec finesse que Doña Benigna (la maîtresse de la maison) n'en est pas à son premier coup de fouet car elle a de l'expérience en matière de punition corporelle, c'est pour elle *añeja prática* (ancienne pratique). Bien que *le martinet* fusse pratique commune pour corriger autrefois les enfants, Doña Benigna l'applique sur l'enfant Gabriel parce qu'il n'a pas mis la table pour le déjeuner. L'auteur dénonce la violence domestique ainsi que l'hypocrisie de la bourgeoise car Doña Benigna prétend être une mère exemplaire pour cet enfant alors qu'elle le maltraite: «Es que prometí enseñarlo, educarlo, y soy esclava de mi palabra. A la verdad, uno no tiene peor enemigo que su buen corazón» (191) [C'est que j'ai promis de lui montrer, l'éduquer, et je suis fidèle à mes mots. En verité, il n'y a de pire ennemi que son bon cœur].

Quand l'humiliation et la violence n'ont pas achevé les pauvres, le suicide semble presque une sortie agréable par rapport à leur vie misérable. Il y a beaucoup de suicides dans les contes de Lillo et la mort est toujours présente.

Le Suicide et la Mort

Le premier suicide arrive dans *Juan Fariña* (1903) qui est le premier conte publié de Lillo. C'est l'histoire mystérieuse d'un vieillard aveugle qui arrive au village pour chercher un emploi à la mine et la fait par la suite exploser. Il opère aussi en solo et semble gouverné par des motifs personnels.

Le deuxième suicide arrive dans *El chiflón del diablo* (1903). Il s'agit de la vie d'une veuve de mineurs. Elle perd deux fils dans la mine et il ne lui en reste plus qu'un qui s'appelle *Cabeza de cobre*. Celui-ci ne trouvant pas de travail décide d'aller travailler dans la mine la plus dangereuse de la région et ne dit rien à sa mère pour ne pas l'effrayer. Bien sûr il meurt peu de temps après dans un accident de la mine. La mère désespérée, ayant perdu toute sa famille, se suicide en sautant dans le puits: «Se la vió por un instante agitar sus piernas descarnadas en el vacío, y luego, sin un grito, desaparecer en el abismo» (151) [On vit ses jambes décharnées s'agiter dans le vide, et plus tard, sans un cri, disparaitre dans l'abîme].

Dans *El Grisu* (1904), le jeune homme *Viento negro* (surnom annonciateur d'un malheur à venir) qui subit l'humiliation suprême de se faire battre à plusieurs reprises par Mr. Davis devant ses compagnons de travail, décide de prendre sa revanche. Il provoque l'explosion du grisou dans la mine où tout le monde est sacrifié, ouvriers et ingénieur. Son action est délibérée et il préfère la mort que d'avoir à subir cet asservissement physique et mental. Mourir est plus honorable que de perdre la face. L'ingénieur ne réalise pas que la honte et l'humiliation peuvent constituer un outil de vengeance plus fort qu'une arme à feu. Il est d'une certaine manière l'initiateur ou la cause de cette réaction suicidaire. Lillo dépeint l'enchainement des événements. En premier vient l'humiliation de se faire étrangler comme un poulet et de se faire botter le derrière par son supérieur: «El capataz, furioso por aquel insólito desconocimiento de su autoridad, cogió del cuello al desobediente […] aplicándole un violento puntapié por detrás» (129) [Le chef, furieux qu'on néglige son autorité, attrapa le désobéissant par le cou …lui appliquant un violent coup de pied par derrière]. Enfin la mort (l'explosion) devient l'unique dénouement acceptable aux yeux de *Viento Negro* : «Una llama azulada recorrió velozmente el combado techo del túnel» (130) [une flamme bleutée embrasa rapidement le plafond du tunnel]. La scène aurait pu se dérouler autrement en éliminant par exemple Mr. Davis. Il n'y a donc pas d'initiatives de groupe. Les ouvriers agissent seuls. La raison étant que les ouvriers n'ont pas encore conscience de leur force en tant que groupe social. Ils sont aussi isolés des autres groupes de mineurs, ce qui les empêche de s'organiser en grand nombre.

Le dernier suicide se passe dans *Era el solo* (1904). On revient à Gabriel, l'orphelin recueilli par Doña Benigna qui n'a que douze ans. Il est enfermé à double tour chaque fois qu'elle sort de chez elle: «Doña Benigna no se olvidaba jamás, al salir, de echar doble vuelta a la cerradura de la puerta de la calle» (195) [Doña Benigna, n'oubliait jamais en sortant, de fermer à un double tour la porte de la rue]. L'enfant-esclave Gabriel, sans argent et sans chaussures, déprimé et malheureux d'avoir été séparé de ses sœurs met fin à ses jours avec le pistolet de sa maîtresse. Lorsque celle-ci rentre chez elle et s'aperçoit que rien n'a été nettoyé, elle lui assène des coups avec le fouet lorsque soudain elle se fait éclabousser par les suintements de sang qui coulent du visage de l'enfant : «Algo líquido que destilaban las disciplinas le había salpicado el rostro» (199) [Quelquechose de liquide suintait , le fouet lui avait éclaboussé le visage]. L'enfant choisit la mort au lieu de s'échapper.

Ces quatre suicides sont le résultat du désespoir. Il semble que les personnages chez Lillo ne cherchent plus à combattre contre leur destin mais ils le subissent de génération en génération : «Atacaba la hulla furiosamente, encarnizándose contra el filón inagotable que <u>tantas generaciones de forzados</u> como él arañaban sin cesar en las estrañas de la tierra» (La compuerta número 12, 115) [Il attaquait la houille furieusement, s'acharnant contre le filon inépuisable que tant de générations de forcenés comme lui avaient érafler sans fin dans les entrailles de la terre]. De même on rencontre souvent au long des contes ce mot *aplastado*, (écrasé) qui se répète, comme si les ouvriers étaient voués à la mort : «el padre murió aplastado por un derrumbe cuando empezaron los trabajos del nuevo chiflon» (El grisu 121) [Le père mourut broyé par un effondrement lorsqu'ils commencèrent les travaux de la nouvelle mine].

Dans *Sub terra*, il y a en fait peu d'histoires qui n'ont pas leurs morts. Ils sont dans un tel état de détresse que le suicide semble la seule solution. On ne se rebelle pas. Il n'y a pas de grève. On devient fataliste: «Había que resignarse, pues para eso habían nacido» [Il fallait se résigner, puis c'est pour ça qu'ils étaient nés] (*La compuerta número 12* 117). L'idée de l'ouvrier *déterminé* s'applique à presque tous les personnages de Lillo car ils sont marqués par la résignation, la soumission et le sens du sacrifice. Ce déterminisme est, par exemple, mis en évidence dans l'attitude du père de famille qui envoie son jeune fils travailler au fond de la mine:

> Somos seis en casa y uno solo el que trabaja, Pablo cumplió ya los ocho años y debe ganar el pan que come y, como hijo de mineros, su oficio será el de sus mayores, que no tuvieron nunca otra escuela que la mina. (114)

> [Nous sommes six à la maison et un seul qui travaille, Pablo vient d'avoir huit ans et doit gagner le pain qu'il mange et, comme fils de mineurs, son travail sera celui de ses ancêtres qui n'ont jamais eu d'autre école que celle de la mine].

L'auteur accentue la passivité, l'abandon et la démission de ses sujets qui sont peu nombreux à confronter verbalement leurs maîtres et à se rebeller contre l'oppression. Ce père de famille accepte sa condition d'exploité. Il envoie même son fils travailler dans la mine et perpétue ainsi le cycle de l'esclavage. Les hommes comme chez Zola deviennent des animaux: «se despojó de sus arreos de bestia de tiro» (*El Grisu*, 121) [Il

48

se dépouilla de ses attelles de bêtes de somme] et ne possèdent aucun droit. Lillo ne blâme pas les mineurs qu'il présente comme des hommes résignés, dociles et courageux. Sa technique est de faire parler ces hommes humbles qui exposent la logique implacable d'un système capitaliste qui asservit les ouvriers dès leur plus jeune âge. Cette logique est simple: si tu ne travailles pas, tu ne pourras pas manger.

Pour conclure sur l'espace social naturaliste de l'auteur, Lillo est un minimaliste en ce qui concerne le détail matériel du *milieu*. Dans l'espace psychologique et moral, il s'intéresse plutôt à l'interaction entre les personnages, aux rapports de force dominant/dominé, maître/esclave qui s'expriment au travers de l'humiliation, la violence, le suicide et la mort. Ce qui intéresse Lillo, c'est d'exposer la souffrance de la vie quotidienne des hommes et des femmes de leur temps. Il s'agit apparemment d'une société qui ne connait pas encore les révoltes ouvrières car les rapports de forces entre les individus sont disproportionnés : le maître possède le contrôle absolu, ce qui nous renvoie à l'hypothèse que *le milieu*, en l'occurrence ici la condition sociale de l'individu au sein de sa communauté reste statique ou aboutit au suicide et à la mort.

Ce déterminisme noir ouvre une parenthèse sur la question politique : Ces auteurs prennent-ils parti politiquement ? L'implication politique de ces auteurs dans leur écriture est-elle évidente ? Zola et Lillo ont-ils écrit leur livre à des fins idéologiques politiques ?

CHAPITRE 6

L'ESPACE POLITIQUE CHEZ ZOLA

Influence du Socialisme

Le livre de *Germinal* est le produit d'une époque où l'instabilité

politique éclate à travers l'Europe. Les révolutions de 1848 et de la

Commune en 1871 contribuent à l'éveil d'une conscience sociale et la

classe ouvrière s'impose sur la scène politique française. Les premiers

syndicats français sont autorisés en 1884 (en même temps que

l'élaboration de *Germinal*), et la CGT (Confédération Générale du Travail)

se constitue en 1895. Les mouvements anarchistes russes tentent de

renverser le Tsar en Russie où la révolution sera tardive (1917). Mikhaïl

Alexandrovitch Bakounine (1814-76), fondateur du mouvement anarchiste

rencontre Karl Marx à Paris et participe à la Révolution de 1848. Ce nom

« Bakounine » ressemble du reste étrangement à celui de « Souvarine »,

l'anarchiste russe de *Germinal* qui fait sauter la mine. L'auteur se trouve

donc dans le feu de l'action. N'oublions pas que Zola est aussi journaliste

et qu'il est témoin des grèves qui se sont déroulées de son temps.

Voici un extrait de l'histoire des premiers mouvements socialistes

en France à travers la page Internet du Parti Socialiste Français :

> Le mouvement ouvrier a commencé à s'organiser en 1864. Après
> la guerre franco-prussienne de 1871, l'affirmation d'un mouvement
> socialiste, séparé des anarchistes donne naissance à des partis
> politiques comme le SPD allemand et bientôt des partis français
> (Les débuts du mouvement) (5).

Zola se trouve sans aucun doute influencé par les mouvements gauchistes en France durant cette époque. Il révèle du reste dans les premières lignes de son *Ébauche,* ses intentions politiques :

> Ce roman (*Germinal*) est le soulèvement des salariés, le coup d'épaule donné à la société qui craque un instant : en un mot, la lutte du capital et du travail. C'est là qu'est l'importance du livre. Je le veux prédisant l'avenir, posant la question la plus importante du XXe siècle. (*Le discours du roman* 60)

Pour exprimer ce soulèvement des salariés, il va utiliser dans *Germinal* le personnage d'Étienne Lantier qui va symboliser la conscience collective.

Étienne Lantier, Éveil de la Conscience Collective

Dans le contexte de *Germinal*, Zola met en évidence l'éveil de la conscience collective du groupe. Étienne Lantier est le héros du roman mais aussi celui qui organise la première caisse d'épargne et la première grève. Il est le leader et le penseur des ouvriers. Il s'intéresse à la cause des mineurs et se pose les grandes questions existentialistes: «Toutes sortes de questions confuses se posaient à lui : pourquoi la misère des uns, pourquoi la richesse des autres ?» (159). Il se révolte contre les injustices, il a le : «cœur débordant d'indignations généreuses contre les oppresseurs, se jetant à l'espérance du prochain triomphe des opprimés» (160) et est l'instigateur des manifestations et des grèves. Son influence s'étend : «L'influence d'Étienne s'élargissait, il révolutionnait peu à peu le coron. C'était une propagande sourde, d'autant plus sûre, qu'il grandissait dans l'estime de tous» (166). Il s'instruit et lit beaucoup :

«Maintenant, il était en correspondance régulière avec Pluchart, plus

instruit, très lancé dans le mouvement socialiste. Il se fit envoyer des

livres, dont la lecture mal dirigée acheva de l'exalter» (160). Étienne a

pour rôle d'extirper les mineurs de leur torpeur comme l'explique Henri

Mittérand dans *Le discours du roman* :

> Étienne va réveiller les mineurs enfermés dans leur résignation et
> leur passivité, comme Trompette réveille Bataille, enfermé dans
> ses mécanismes d'animal domestiqué. L'évolution d'Étienne tient
> beaucoup à la sensibilité du bourgeois Zola qui a senti et pressenti
> la mise en mouvement du prolétariat. (10)

La conscience collective est donc initiée par un seul personnage :

Étienne. Souvarine, l'anarchiste russe ne remplit pas les mêmes

fonctions. Il n'acquiert pas la confiance des autres ouvriers. Il agit seul

dans son coin alors qu'Étienne s'instruit et partage ses idées avec ses

compagnons de travail. Il a des ambitions personnelles (pas celles de

détruire comme Souvarine) mais aussi collectives voire internationales car

il est au courant des mouvements de grèves dans les autres pays

d'Europe. Zola se focalise sur la nouvelle force salariale sans pour autant

développer en détails les premières organisations syndicales des mineurs

de son époque. Il s'intéresse en particulier à la montée d'un homme

(Étienne Lantier) parti de rien, ignorant et sans argent, qui monte dans

l'échelle sociale (ou du moins parmi les mineurs) et s'instruit sur l'histoire

de sa condition d'ouvrier. Les seuls qui entrent et sortent de cet

environnement minier sont Étienne Lantier, le héros du roman et

Souvarine, l'anarchiste russe. Ils sont des *outsiders* et appartiennent à la communauté depuis peu. Ce sont des hommes célibataires capables de s'extirper du *milieu* dans lequel ils vivent parce qu'ils ne sont pas nés dans le même cercle géographique et social que la famille Maheu par exemple. Rappelons au lecteur qu'Étienne est le fils de la blanchisseuse Gervaise dans *L'Assommoir* qui vit à Paris et que Souvarine est un émigré russe qui semble un peu plus éduqué que ses confrères. Ces deux personnages jouent un rôle prépondérant dans *Germinal* puisqu'ils décident du sort du reste de la communauté ouvrière. Étienne est l'instigateur de la grève et Souvarine de l'attentat. Ce n'est pas une coïncidence si ces deux hommes n'appartiennent pas à la communauté minière.

Le *milieu* ne les a pas encore rendus passifs. Les autres ouvriers sont paralysés, comme ankylosés dans leur contexte géographique, et social, seules des personnes extérieures à leur monde peuvent les en sortir.

Il y a cependant une certaine ambivalence quant à la description de ces mineurs et de ces héros prolétaires.

L'Ambivalence vis-à-vis des Ouvriers

Il y a cependant ambivalence dans les propos de Zola car s'y glisse cette réflexion sur *la lecture mal dirigée* (160). Il semble que l'auteur n'ait pas confiance dans Étienne. Il le voit sans expérience. Les ouvriers sont aussi souvent comparés à des animaux chaque fois qu'il les décrit, ce qui laisse penser que Zola prend les mineurs pour des imbéciles. Cet argument a été analysé de multiples fois par les critiques et William J. Berg et Laurey K. Martin le confirment: «over 100 direct comparisons of the miners to animals» (*Émile Zola Revisited* 74). Les femmes par exemple deviennent (comme nous l'avons vu) des vaches à lait, c'est le cas de la Maheude : «Elle avait tranquillement sorti au grand jour sa mamelle de bonne bête nourricière » (107). Les enfants sont aussi des animaux sauvages. On retrouve l'idée de l'animalité dans la classe ouvrière. Jeanlin, le fils de la Maheude, est décrit ainsi après avoir volé un pain chez Maigrat: «Le jeune homme se tut, la bouche pleine, troublé. Il le regardait, avec son museau […] dans sa dégénérescence d'avorton à l'intelligence obscure et d'une ruse sauvage, lentement repris par l'animalité ancienne» (263). Les hommes se transforment en bêtes de somme en allant au travail : «C'était toujours le piétinement de troupeau, les chantiers s'en allant chacun à sa taille, d'un pas trainard» (132). La foule est aussi *en rut* lorsqu'elle se met en grève : « tout un rut de peuple » (274).

Berg confirme cette ambivalence : «As a political entity, the striking miners soon escape from Etienne's grasp and become an undisciplined, indefinable, and uncontrollable mob» (*Émile Zola Revisited*, 71). David Baguley dans son *Critical Essays on Émile Zola* confirme cette ambiguïté chez Zola vis-à-vis des classes sociales :

> The mine managers are not presented as cynically exploitive monsters but as victims of economic circumstance. […] But the

most sympathetic bourgeois in Germinal is Deneulin, the progressive hard-working, paternalist owner of a small colliery. Like Négrel, he is respected for his energy and courage. Although authoritarian, he is an excellent manager of men: He did not sit on a distant throne in some unknown temple; he was not one of those shareholders who pay managers to fleece the miners and whom the miners never saw. (166)

Le Mineur, Victime du Capitalisme

L'image du mineur dans *Germinal* est à double tranchant : il (le mineur) est à la fois un animal, un idiot indomptable mais aussi une victime du système capitaliste, un exploité par une classe bourgeoise indifférente et cruelle qui est là pour assumer son rôle d'oppresseur et d'exploiteur (les Grégoire par exemple sont paresseux et indifférents à la souffrance du peuple. Mme Hénnebeau, comme nous l'avons vu, les déteste parce que ces gens-là - *ces animaux* - la dérange, Mr. Hénnebeau les traite d'*imbéciles*). En un mot, Zola expose à la fois la misère du peuple avec ses oppresseurs mais fait aussi ressortir le côté primitif du mineur. De son observatoire scientifique Zola observe la jungle humaine dans le combat des classes sociales (à l'opposé de l'Amérique latine, il n'y a pas de *races supérieures* mais plutôt des classes sociales supérieures car la population française est à cette époque relativement homogène). Les plus vaillants et robustes survivent, en l'occurrence Étienne qui est jeune, fort et qui vient d'un autre *milieu*, comme le jeune lion à la conquête de son nouveau territoire.

Mais l'auteur ne fait pas confiance à la foule (qui se comporte comme des bêtes sauvages – des lionnes- en sacrifiant Maigrat), ni à ses leaders (Étienne est un néophyte et ne semble pas maitriser sa position de leader : «Et sa première étape fut de comprendre son ignorance» (159). Il dépeint aussi les hommes bourgeois comme des individus éduqués et travailleurs, c'est la classe supérieure (M. Hénnebeau travaille *durement* et est *d'une honnêteté stricte* 193).

Les femmes bourgeoises ne reçoivent pas de compliments chez Zola, elles sont plus problématiques car il y a la tentation de la chair, la vision biaisée chrétienne de la bête sexuelle (La Mouquette), la vache à lait comme femme reproductrice (la Maheude), la victime de la violence domestique (Catherine), la salope bourgeoise (Mme Hénnebeau). Le message est ambigu à cause de la perspective des classes pauvres considérée comme faible et celle des bourgeois vue comme étant supérieure. On ne peut pas affirmer que Zola prenne le parti des ouvriers de façon catégorique. Il plaint les deux camps et blâme le système.

Il y a néanmoins un élément sûr en ce qui concerne l'idéologie politique : Il veut avant tout faire prendre conscience que les temps ont changé et que les mineurs maintenant ont une voix, ils s'organisent et réclament leurs droits. Ce sujet lui semble tellement convaincant dans le roman que la partie quatre à sept (la fin), traite de la grève qui est en fait le résultat de cette prise de conscience. Berg conclut: «Above all, *Germinal* is a novel about class consciousness» (79). C'est ainsi la note positive du roman : Étienne quitte le milieu, il s'échappe et peut ré-initier sa révolution. Pour Lillo, au contraire, il n'y a pas de fin heureuse.

56

CHAPITRE 7

L'ESPACE POLITIQUE CHEZ LILLO

Chez Lillo la conscience politique collective n'existe pas. Il s'agit

d'histoires individuelles. À l'opposé de Zola, les personnages de Lillo ne

pensent pas à s'organiser. Ils luttent seuls et c'est certainement la raison

pour laquelle il y a plus d'abus et de violence du côté chilien que du côté

français car lorsqu'on agit seul, on est moins efficace qu'en groupe.

Histoire Individuelle : Juan Fariña, l'Anti-Héros

La figure de Juan Fariña est fascinante car elle est remplie de

mystère. Elle est souvent comparée à Souvarine l'anarchiste russe des

mineurs de *Germinal* parce qu'ils agissent tous deux en solo et font tout

exploser. Souvarine possède cependant l'âme diabolique car il n'hésite

pas à sacrifier ses collègues de travail tandis que Juan Fariña fait

exploser la mine lorsque personne ne travaille à l'intérieur. Donald F.

Brown explique les similitudes avec Souvarine et les évènements

survenant dans *Germinal* :

> Nevertheless, the influence of *Germinal* is evident throughout. To
> analyze just what specific ideas Lillo drew from Zola makes an
> interesting study. Although there is no hint of strikes or union
> movements in Lillo's stories, the anarchistic elements in *Germinal*
> seem to have evoked an answering response. The reader will recall
> how the Russian anarchist, Souvarine, destroyed the French coal
> mine by loosening the steel lining plates that had prevented the
> ground water from flooding down into the pit. To Souvarine the only
> solution to social injustice was complete destruction of everything in
> the hope that society could one day make a fresh start on a more

57

equitable basis. The thinking of Lillo's blind man, Juan Fariña, may not have gone that far but at least he visualized the mine as a means of oppression which might better be destroyed. Coupled with idealism, no doubt, was the desire for personal revenge, for an explosion in the mine had killed his father and blinded Juan himself at an early age. At any rate, so obsessed was he with these ideas that the loss of his own life was of no importance. (47)

Le conte de Juan Fariña possède aussi un côté magique car le héros est aveugle et arrive à la mine seul sans aucun guide ni famille. Lillo ne fournit pas d'explication quant aux déplacements de l'homme aveugle : «un hombre subía por el camino en dirección a la mina [...] su mano derecha empuñaba un grueso bastón, con el que tanteaba el terreno delante de sí» [un homme montait le chemin en direction de la mine ... sa main droite empoignait un bâton épais, avec lequel il tatait le terrain devant lui] (166), mais sa présence éveille des soupçons chez les autres mineurs, ou plutôt une sorte de consternation et d'appréhension. Les commérages s'en suivent et circulent bon train. On invente toutes sortes d'histoires à son sujet. Il est à la fois admiré et redouté. On lui donne des pouvoirs surhumains. *Juan Fariña* devient une sorte de mauvais ange: «Fariña era un ser extraordinario [...] no era sino el Diablo» [Fariña était un être extraordinaire ... il n'était autre que le diable] (168). Celui-ci travaille comme un forcené et se rend aussi à la mine pendant la nuit, ce qui provoque encore plus de questions à son sujet et l'enveloppe dans l'aura du surnaturel. Il ne communique avec personne et semble avoir ses propres objectifs. Les ouvriers se rappellent vaguement un mineur mort dans un accident de la mine et de son jeune fils rendu aveugle, mais ils ne sont pas sûrs qu'il s'agisse de Juan Fariña. La mine explose après que notre héros y ait placé de la dynamite dans tous les recoins. Il se sacrifie dans l'attentat.

Les motifs de notre héros sont purement personnels. À la différence d'Étienne Lantier, il n'y a pas de consensus avec les autres ouvriers. Fariña opère en secret et ne se confie à personne. Souvarine fait la même chose bien qu'il tente de prévenir son ami Étienne de ne pas descendre au fond ce matin-là. *Juan Fariña* est donc un outsider comme Étienne Lantier et Souvarine et un anti-héros qui gravite dans le royaume du surnaturel. C'est là que l'on peut dire que le Naturalisme latino s'éloigne du naturalisme français car chez Zola les personnages ne font jamais allusion au diable ni au surnaturel. Il faut mentionner que *Juan Fariña* se trouve dans *Sub terra* mais que Lillo va en fait nommer le conte une légende. À la différence de Zola, les contes de Lillo se situent dans la campagne où les croyances locales sont encore très fortes. La plupart des gens sont illettrés et sans éducation. Juan Fariña ne sait surement pas lire puisqu'il est aveugle. Cela le met en position de faiblesse, comme du reste les autres ouvriers qui ne peuvent pas se défendre en partie à cause de leur ignorance. Fariña ne va pas influencer politiquement sa communauté comme le fait Étienne, il ne va pas créer une ouverture pour ses compagnons, au contraire, l'étau se referme sur les mineurs et tout rentre dans l'ordre. La société féodale telle qu'elle existe n'est pas ébranlée.

Réhabilitation de l'Image du Mineur

Il est vrai que Zola possède cette tendance au voyeurisme où le mineur est exposé dans sa sexualité animale. Lillo, lui, ne désire pas pénétrer dans la partie viscérale et sexuelle de ses hommes. Il leur rend au contraire hommage et conserve cette pudeur impénétrable envers ses personnages qui les transforme en saints et en héros. Il s'agit très probablement de la réserve chrétienne qui caractérise les peuples d'Amérique latine du XIXe siècle. Emilia Pardo Bazán, une naturaliste espagnole de la même époque, par exemple, ne concevait pas le naturalisme sans les valeurs morales chrétiennes. Lillo appartient à la culture d'Amérique latine et celle-ci est encore aujourd'hui marquée par l'empreinte religieuse chrétienne. On voit encore de nos jours dans les lieux de travail, un autel avec une vierge et des bougies où les ouvriers peuvent se recueillir. Il y a aussi un élément particulier au Naturalisme latino qui n'existe pas chez Zola, ce sont les restes du colonialisme.

Résignation et Soumission : les Restes du Colonialisme

La résignation est une des caractéristiques des personnages de Lillo. Le colonialisme crée des rapports de force de dominance entre les hommes. La dépendance mentale et financière des autochtones contribue à l'isolement et à la passivité. L'habitude d'avoir un maître a un effet inhibiteur. Toute volonté s'efface. De plus, la population chilienne rurale et ouvrière se trouve à l'époque particulièrement isolée du reste du monde. Elle est encerclée par les éléments naturels (l'océan pacifique à l'ouest et la cordillère des Andes à l'est) et sous le contrôle tentaculaire de la compagnie qui prend soin de nourrir, loger et surveiller ses ouvriers qui sont littéralement tenus prisonniers du système. Fernando Alegría dans son *Introducción a los cuentos de Baldomero Lillo* explique que la société minière crée *sa propre nation* à l'intérieur même du pays, avec ses lois, sa monnaie, elle installe ses magasins où les ouvriers sont obligés d'acheter leurs provisions, construit ses propres logements qu'elle leur loue. L'isolement géographique et social de ces communautés ouvrières va favoriser les abus de pouvoir et permettre l'exploitation totale de toute une population marginalisée.

Pour illustrer ce phénomène type *camp de concentration* (Alegría), il faut revenir aux contes de Lillo, on pense à nouveau à la vieille dans *El registro*, qui se fait attraper par le service de sécurité de la Compagnie pour avoir osé aller acheter son *mate* à l'extérieur du magasin assigné dans un village voisin. Lillo expose l'infraction commise par la vieille et insiste sur le fait que les familles de mineurs sont dans un état mental de terreur permanent, comme sous le régime des dictatures militaires, on devient paranoïaque, on voit l'oppresseur partout :

> La burla de la temida prohibición de hacer compras fuera del despacho la sobrecogía como la consumación de un robo monstruoso. Y a cada instante le parecía ver tras un árbol la silueta

amenazadora de algún celador que se echaba repentinamente sobre ella y le arrancaba a tirones el cuerpo del delito. (181)

[La farce de l'interdiction redoutée de faire des emplettes en dehors du magasin de la compagnie la saisissait d'effroi comme l'idée d'avoir accompli un vol monstrueux. Et à chaque instant, elle croyait voir derrière la silhouette menaçante de quelque agent de sécurité qui se jetait sur elle soudainement et lui arrachait d'un trait le délit du corps].

Le milieu claustrophobe ouvrier chilien se referme donc sur lui-même, il n'y a pas d'échappatoire, ni par les voies naturelles (les montagnes et la mer), ni par le système féodal du caudillo. Le Chili, dépeint par l'auteur, se compose donc de microsociétés indépendantes les unes des autres où les pauvres se voient traités comme des esclaves. La société chilienne, dépeinte par Lillo au XIXe et au début du XXe siècle, ressemble fort à toutes les autres économies d'Amérique latine où la majorité des terres et des industries appartient à une poignée de riches propriétaires :

In central Chili where indigenous holdings were not deeply rooted, some 90 per cent of all land was already within the boundaries of large estates (200 hectares and up) [...] Of the many profound changes which took place in rural Spanish America after 1870, the assault on communal villages and the absorption of their land by the large estates has drawn most attention. (Bethell ed. 169)

L'engagement politique de Lillo consiste donc à exposer les abus de la classe privilégiée telle qu'il la connait à son époque. Il dénonce l'injustice sociale. Il n'y a pas de révolte de la part des mineurs mais son écriture compassionnelle montre l'écrivain engagé sans ambivalence. On sait de quel côté il se place.

CHAPITRE 8

CONCLUSION

En conclusion, l'espace géographique a une grande influence sur

le destin des personnages de *Germinal*. Comme mentionné

précédemment, le désert frigide des grandes plaines du Nord de la

France, le froid, la boue, la faim et les gendarmes amenuisent les forces

des mineurs sans-chaussures et sans-voitures. Ceux-ci se voient réduits

à l'inertie à cause de leur environnement. Étienne et Souvarine échappent

au sort funeste réservé aux gens de la communauté parce que *le milieu*

ne les a pas encore anéantis. Ce sont des étrangers parmi une foule de

gens sans énergie ni ressources. L'impact de l'espace géographique sur

les hommes n'est bien évidemment pas visible à l'œil nu car il faut

observer les personnages graviter dans leur environnement sur une

longue période et dans leur contexte topographique. Bonnemort et ses

ancêtres reflètent l'immobilité des hommes enchaînés à leur lieu de

travail. C'est sans doute une forme d'esclavage que d'être forcé de

travailler dans le même trou noir, insalubre et étouffant que ses parents,

grands-parents et arrière-grands-parents ; c'est comme un cycle sinistre

qui se répète. Les forces physiques *du milieu déterminent* donc la

destinée des mineurs. Du côté chilien, on peut certainement dire que

l'environnement physique est encore plus *déterminant* que chez Zola. En

effet, les mineurs dans *Sub Terra* sont physiquement littéralement

prisonniers de leur lieu de travail. Il y a d'une part les obstacles naturels (l'océan et les montagnes des Andes qui empêchent les mineurs de s'enfuir) et d'autre part le contexte culturel et historique qui contraignent les ouvriers à l'esclavage (en particulier les restes du colonialisme). L'élément liquide s'ajoute au macabre décor qui pénètre jusqu'à la moelle des hommes.

Quant au contexte social chez Zola, il y a séparation et isolement des classes : chacun reste chez soi. Personne ne se comprend car chacun vit dans son propre univers. L'espace social *détermine* l'avenir des enfants Maheu par exemple. Il y a stagnation des classes dans *le milieu* social. Il n'y a pratiquement pas de contact entre les bourgeois et les pauvres car ces derniers sont *des animaux* comme le perçoit parfois Zola qui est influencé par le Darwinisme social.

Pour Lillo cet espace social s'appelle le monde féodal avec ses *caudillos* qui sont les seigneurs des mines et de leurs mineurs. Les rapports de force entre maîtres et esclaves perpétuent, de génération en génération, l'abus du plus fort sur le plus faible qui finit du reste parfois par se suicider. Il n'y a ni *un Étienne ni un Souvarine*. Juan Fariña meurt et avec lui l'espoir d'une fin heureuse pour la communauté. Ce sentiment fataliste domine les personnages de *Sub Terra*, on accepte son sort et on se soumet (ou on se tue). La vision *déterministe* est donc encore plus pessimiste. On n'échappe pas à son *milieu,* comme chez Zola, on est mineur de père en fils (*La compuerta número 12*) et on est confiné dans son *campo de concentración* comme le précise Fernando Alegría dans son *Introducción a los cuentos de Baldomero Lillo*.

D'un point de vue politique, on sait que Zola a été témoin des premières grèves minières. Il s'est aussi intéressé aux éléments subversifs intellectuels de son temps et a eu le courage de faire prendre conscience de la misère de ses mineurs. Lillo, de son côté, fait appel aux principes de la charité chrétienne dans son outrage à l'humanité. Alegría révèle un trait de la personnalité de Lillo et de son style naturaliste qui s'éloigne cependant des standards français :

> Pero sí fue un escritor revolucionario, profundo y genuinamente revolucionario por el contenido dinámico que supo dar a sus temas populares y porque, sin caer nunca en el discursismo propagandista […] llevan siempre un mensaje implícito […] aunque su ideología es cristiana, sus personajes, sus temas, el mundo todo […] muestra ya las raíces del socialismo moderno. (262)

> [Mais si, il fut un écrivain révolutionnaire, profond et authentiquement révolutionnaire de par le contenu dynamique qu'il sut donner à ses thèmes populaires et parce que, sans jamais tomber dans le discours propagandiste … ils portent toujours un message implicite … bien que son idéologie soit chrétienne, ses personnages, ses thèmes, le monde entier … montre déjà les racines du socialisme modernes].

Il faut mentionner aussi que les grands mouvements grévistes au Chili ne se manifestent qu'au début du siècle. Lota connait sa première grève en 1920 selon Jorge M. Chavarri et « Lillo fue el primer escritor chileno que se preocupó en sus cuentos de los problemas sociales de los mineros » (5) [Lillo fut le premier écrivain chilien à se préoccuper dans ses contes des problèmes sociaux des mineurs].

Zola et Lillo participent à la prise de conscience politique des mineurs de leur pays. C'est un élément essentiel pour comprendre le message politique chez ces deux écrivains.

Enfin, nous sommes tous *déterminés* comme l'explique à nouveau le philosophe contemporain américain Thomas W. Clark :

> Since we understand we aren't the ultimate originators of ourselves or our behavior, we can't take credit or blame for who we are and what we do […] People don't create themselves, so responsibility for their character and behavior isn't ultimately theirs, but is distributed over the many factors that shaped them. (3)

Clark n'insinue cependant pas que l'individu doive rester totalement passif face aux éléments et aux événements parce que : « we are now at modeling our environment »(89) mais cette perspective nous permet de mieux cerner et comprendre la condition humaine ainsi que d'avoir une approche un peu plus charitable vis-à-vis des classes défavorisées. Dans le contexte du XIXe siècle comme dans les précédents, les hommes ne pouvaient guère changer leurs conditions de vie dues *aux forces extérieures qui les déterminaient.*

Aujourd'hui, nous pouvons contrôler notre propre destinée jusqu'à un certain point si nous prenons en compte le fait que nous vivons dans une démocratie où les hommes et les femmes jouissent des mêmes droits, en théorie, et bénéficient d'un solide système social qui leur permet d'étudier et de se soigner à des coûts raisonnables. Mais combien de sociétés modernes permettent-elles ces droits fondamentaux à leurs citoyens ? Il y en a peu.

La philosophie du *Déterminisme* s'applique ainsi à chacun de nous à un degré plus ou moins élevé qu'on le veuille ou pas. La leçon à en tirer est qu'il faut être un *déterministe* avisé.

BIBLIOGRAPHIE

Page Internet du parti socialiste : Internet:
http://www.parti-socialiste.fr/le-ps/notre-histoire

Alegría, Fernando. "Introducción a los cuentos de Baldomero Lillo",
Revista iberoamericana. Vol. XXIV, № 48 (julio – diciembre 1959): 247-
63.

Baguley, David. *Critical Essay on Emile Zola*. Boston: Library of
Congress.1986.

Bethell, Leslie, ed.*The Cambridge History of Latin America, Volume III,
From Independence to 1870*. Cambridge: Cambridge University Press,
1986.

Berg, J. William et Laurey K. Martin. *Émile Zola Revisited*. New York:
Twayne Publisher, 1992.

Brown, Donald F. "A Chilean Germinal: Zola and Baldomero Lillo". *Modern
Language Notes*, Vol. 65, № 1 (Jan 1950): 47-51.

Castro Silva, Raúl. "Introducción biográfica". Baldomero Lillo, *Obras
completas*. Santiago: Nascimento, 1968, 5-34.

—. *Panorama literario de Chile*. Santiago: Editorial Universitaria. 1961.
Chavarri, Jorge, M. "El significado social en la obra literaria de Baldomero
Lillo",*Kentucky Foreign Language Quarterly*. Vol .XIII, № 1 (First Quarter)
1966: 5-13.

Clark, Thomas, W. *Encountering Naturalism. A Worldview and Its Uses*.
Charlestown: Center for Naturalism. 2007.

Conti, Fiorenzo et Silviana Conti Irrera. "On Science and Literature: A
Lesson from Bernard-Zola Case". *Bioscience,* Vol. 53, № 9 (Sept 2003)
265-269.

Lillo, Baldomero. "Sub Terra" in *Obras completas*. Santiago: Nascimento.
1968, 105-216.

Mitterand, Henri. *Le Discours du roman*. Paris : Éditions Presses
Universitaires. 1980.

—. *Zola, l'homme de Germinal,* Paris : Éditions Fayard.1999. Vol. 2.

Rogers, James, Allan. "Darwin and Social Darwinism". *Journal of the History of Ideas*. Vol. 33, № 2 (April-June 1972): 265-80.

Steele, Ross, Susan St Onge et Ronald St Onge. *La civilization Française en evolution I. Institutions et culture avant la Ve République.* Boston : Heinle & Heinle Publishers, 1996.

Toursel, Nadine et Jacques Vassevière. *Littérature : textes théoriques et critiques.* Lassay-les-Châteaux : Armand Colin, 2005.

Valenzuela, Víctor M. "Baldomero Lillo and Modernism". *Hispania*, Vol. 39, № 1 (Mar 1956):89-91.

Wilson, Mabel V. "Auguste Comte Conception of Humanity". *International Journal of Ethics,* Vol. 38, № 1, (1927):88-102.

Zola, Émile. *Germinal.* La Flèche : Le Livre de Poche. 1975.